Fiamme Gemelle

Ama Te Stessa
e Manifesta l'Amore Definitivo

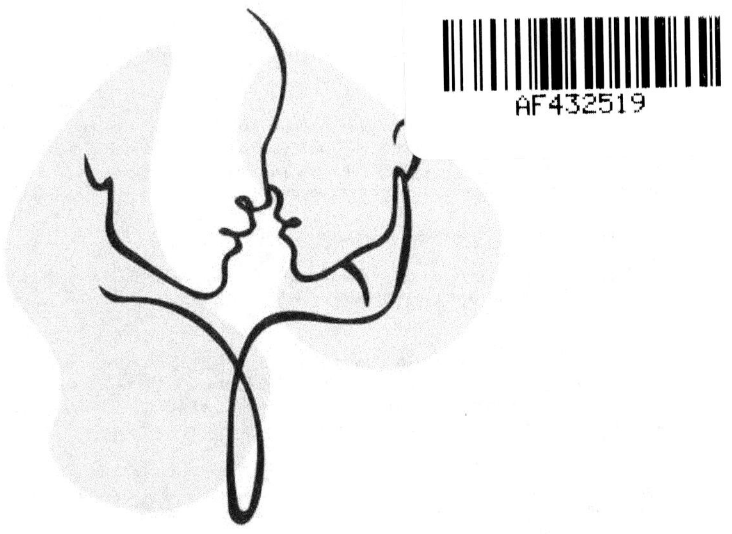

Guida completa con Esercizi,
per la Guarigione Karmica e Legge d'Attrazione

TEMPLUM DIANAE
- MEDIA -

Opera curata da: "Templum Dianae Media".
Illustrazioni e copertina a cura di: "Templum Dianae Media"
Impaginazione e formattazione a cura di: "Templum Dianae Media"
Retro pagina e introduzione curata da: "Templum Dianae Media"

2024 - Tutti i diritti riservati

Prima di continuare la lettura, l'autore e l'editore chiedono esplicitamente di leggere e comprendere le note legali per chiarire alcuni aspetti fondamentali del rapporto tra le parti.

Nota legale:

questo libro è soggetto a copyright esclusivo; la sua lettura è destinata esclusivamente all'uso personale. Si precisa inoltre che non è assolutamente consentito modificare o utilizzare alcuna sezione di questo libro, né gratuitamente né a pagamento; non è assolutamente consentito utilizzare, citare o parafrasare alcuna sezione o sezioni di questo libro o dei suoi contenuti senza il consenso scritto e firmato dell'autore e/o dell'editore.

Nota legale sulla non responsabilità dell'autore e dell'editore:

L'autore e l'editore affermano e ribadiscono che tutte le informazioni contenute in quest'opera, prese singolarmente o nel loro insieme, a seconda della sensibilità del singolo lettore o lettrice, possono avere uno scopo didattico-educativo o di mero passatempo.

L'autore e l'editore di questo volume, pur ricordando a tutti i lettori che non viene fornita alcuna garanzia esplicita o implicita, affermano e ribadiscono che tutte le informazioni contenute in quest'opera, essendo derivate dalla lettura critica di varie fonti, possiedono il massimo grado di accuratezza, affidabilità, attualità e completezza in relazione alla loro capacità di ricerca, sintesi, elaborazione e organizzazione delle informazioni.

I lettori sono consapevoli che l'autore non è in alcun modo obbligato a fornire alcun tipo di assistenza o consulenza legale, finanziaria, medica o professionale, e anzi raccomanda loro, prima di tentare qualsiasi tecnica o azione esposta in questo libro, di contattare un professionista legalmente abilitato all'esercizio della professione, secondo la legislazione vigente.

Leggendo questa introduzione, ogni lettore accetta, esplicitamente o implicitamente, che in nessun caso l'autore e/o l'editore saranno responsabili per qualsiasi perdita, diretta o indiretta, derivante dall'uso delle informazioni contenute in questo libro, compresi, ma non solo, errori, omissioni o imprecisioni.

www.templumdianae.com

ÌNDEX

Contents

IL VIAGGIO DELLE FIAMME GEMELLE

Il viaggio delle Fiamme Gemelle non è come gli altri. Non è una semplice storia d'amore o di attrazione. È un richiamo profondo, un sussurro che ti attraversa come una brezza calda in una notte silenziosa. Ti sorprende, ti scuote, e prima che tu possa capire, senti un legame che va oltre ciò che è visibile. Non è solo una sensazione: è una certezza che vive dentro di te.

Forse ti è già successo. Hai incontrato qualcuno e il mondo intorno si è fermato. Non è stato il suono delle parole o il loro aspetto, ma qualcosa di più profondo. Come se, per un attimo, il tempo avesse deciso di non contare più, e tutto ciò che esisteva era quel momento, quella connessione. Il tuo cuore ha sussultato, la pelle si è accesa come percorsa da una corrente. Hai avvertito una presenza, come se quella persona avesse sempre fatto parte di te, da sempre e per sempre.

Ogni giorno ci imbattiamo in volti, in storie, in sguardi. Alcuni scivolano via come sabbia tra le dita, altri restano, tracciano cicatrici o lasciano carezze. Ma poi c'è quell'incontro che non dimentichi, che segna un "prima" e un "dopo" nella tua esistenza. Quell'incontro potrebbe essere la tua Fiamma Gemella.

O forse no.

C'è chi dice che là fuori esista "quella giusta". Ma se ti dicessi che non è solo questione di trovare qualcuno che ti completa? Che il vero viaggio è molto più profondo? Le Fiamme Gemelle sono qualcosa di diverso, un legame che va oltre il tempo e lo spazio, una danza karmica che si intreccia e si scontra per far emergere la vera essenza di ciò che sei. Non è solo amore. È risveglio, è trasformazione. La strada che conduce alla tua Fiamma Gemella è tutt'altro che semplice. Non è una passeggiata in un giardino fiorito, ma piuttosto un sentiero tortuoso, costellato di sfide, dolore e, soprattutto, di crescita. Ogni passo che farai ti porterà a guardarti dentro, a esplorare le tue paure più profonde, a guarire le ferite che hai portato con te per vite intere.

In queste pagine, non troverai una ricetta per l'amore perfetto, né promesse di felicità immediata. Ma troverai una guida, un filo invisibile che ti condurrà attraverso il mistero della tua anima. Ti sentirai come immersa in una nuova pelle, camminerai tra mondi diversi, attraverserai soglie che non pensavi esistessero.

Senti l'energia che ti circonda. È come una leggera pressione sull'anima, un richiamo che non puoi ignorare. Il viaggio verso la tua Fiamma Gemella ti porterà a dissolvere le ombre che ti avvolgono, a bruciare vecchi schemi e a rinascere. Alla fine, tornerai a te stessa, ma non sarai più la stessa. Sarai più consapevole, più forte, e pronta ad accogliere quel legame che ti aspetta da sempre.

Questo libro non è solo da leggere: è da vivere. Ogni parola, ogni riflessione è un invito a lasciarti andare, a perderti e a ritrovarti. E quando avrai attraversato l'ultimo portale, con il cuore purificato e l'anima illuminata, saprai che non è il destino a decidere per te. Sei tu a creare il cammino verso il tuo amore spirituale.

Sei pronta a iniziare?

LA DUALITÀ DELL'UOMO: EQUILIBRARE IL MASCHILE E IL FEMMINILE

Dentro ognuno di noi vive un dualismo profondo. È come un gioco sottile di luci e ombre che si intrecciano, creando un equilibrio complesso tra l'energia maschile e femminile. Queste due forze, che appaiono opposte, sono in realtà complementari e si nutrono l'una dell'altra, come il giorno e la notte, come il sole e la luna. **Per trovare il vero amore e vivere relazioni profonde, devi prima armonizzare queste energie dentro di te.**

Il Potere dello Yin e dello Yang: Comprendere la Dualità

Dentro di te esistono due forze primordiali, lo Yin e lo Yang, che danzano continuamente in equilibrio, guidando ogni tua scelta e sensazione. **Lo Yin è l'energia che accoglie, che si ritira nelle profondità oscure dell'anima, silenziosa come la notte, misteriosa come la luna.** È la parte di te che custodisce i segreti delle emozioni più intime, quelle che risuonano con i battiti del cuore e vibrano sotto la superficie.

Dall'altra parte, **lo Yang è il fuoco che arde dentro di te**, quella spinta che ti fa agire, creare, brillare come il sole nel cielo più limpido. È la forza che ti guida verso la manifestazione dei tuoi sogni, la luce che rischiara il tuo cammino. Mentre Yin si immerge nella riflessione, Yang esplode in azione.

Questi due principi non sono mai in conflitto, anzi, si sostengono a vicenda. Quando **Yin e Yang si fondono** in equilibrio, senti una pace interiore che ti permette di abbracciare pienamente chi sei e chi stai diventando. *Pensa al momento in cui il sole tramonta e la luna sorge: un attimo di perfetta armonia, dove luce e ombra si incontrano.*

Quando lo Yin ti chiama, ti invita a immergerti dentro di te, a guardare nelle ombre e trovare la saggezza nascosta, mentre **lo Yang ti spinge ad agire, a trasformare i sogni in realtà,** portando con sé la chiarezza e la forza per affrontare il mondo. La dualità diventa il tuo potere: ti completa, ti equilibra, ti rende più consapevole del viaggio che stai percorrendo verso l'amore, verso la tua fiamma gemella.

La sfida sta nel riconoscere quando Yin o Yang sono in squilibrio dentro di te. Forse ti senti sopraffatta dall'energia Yang, sempre in movimento, senza trovare un momento di calma. O magari ti sei lasciata cullare troppo dallo Yin, perdendo il coraggio di agire. **Il segreto è ascoltare il tuo cuore, percepire quando è il momento di ritirarti e quando è il momento di avanzare.**

Yin e Yang sono come un respiro: il ritmo naturale della vita, un ciclo di espansione e contrazione che ti mantiene in equilibrio. Ogni volta che li lasci fluire dentro di te, trovi la pace e la forza di cui hai bisogno per crescere, amare e connetterti alla tua anima gemella.

Il Sole Interiore: Esplorare il Principio Maschile

Dentro di te, c'è una forza che brilla come il sole, un'energia che ti spinge a muoverti, a prendere il controllo, a proteggere e costruire. **Questo è il principio maschile**, una fiamma che ti dona coraggio e determinazione, che ti spinge a plasmare il mondo intorno a te. È l'energia dell'azione, quella scintilla interiore che ti fa agire con chiarezza e decisione.

Sentila crescere dentro di te, come un calore che sale, un fuoco che non si spegne. Proprio come il sole illumina ogni cosa che tocca, la tua anima, quando attivata dal principio maschile, ha la capacità di portare luce e chiarezza in ogni angolo della tua vita. Questo potere non si esprime solo con la forza fisica o la determinazione, ma anche nella capacità di stabilire confini e creare strutture che ti proteggono e sostengono.

Il sole dentro di te ti ricorda che, per quanto il tuo desiderio di proteggere e agire sia forte, c'è bisogno di **equilibrio**. Un sole troppo caldo brucia, mentre un sole troppo debole non illumina abbastanza. **Il vero potere del principio maschile sta nel trovare il giusto bilanciamento tra forza e delicatezza.** È il coraggio di agire, sì, ma anche la saggezza di sapere quando fermarsi, quando lasciare spazio al silenzio e alla riflessione.

Proprio come il sole che sorge ogni giorno, **il tuo potere maschile può essere una fonte costante di energia e stabilità,** ma solo se lo usi con rispetto verso te stessa e gli altri. **Sentiti come il sole che non teme di splendere, ma che conosce il valore della sua luce.**

La Luna Interiore: Abbracciare il Principio Femminile

Dentro di te, risplende una luce che non acceca, ma illumina dolcemente il cammino.

Questa è l'energia femminile, il lato della tua anima che accoglie, nutre e percepisce profondamente. **Come la luna che regola le maree, il principio femminile ti connette alle tue emozioni più profonde**, al tuo intuito e a quel mistero che si cela nell'invisibile. Non è una forza caotica o debole, ma una potenza silenziosa che ti permette di fluire con gli eventi, di adattarti alle circostanze e di fidarti del disegno dell'universo.

La tua Luna interiore non segue regole rigide, non si limita ai confini tracciati dalla logica o dalla razionalità.

Al contrario, essa danza oltre quelle barriere, esplorando territori invisibili, fatti di emozioni e sensazioni. È l'energia che ti permette di ascoltare quella voce silenziosa dentro di te, quella che sa senza spiegare, che sente senza bisogno di vedere. *È il sussurro che ti guida quando tutto sembra incerto.*

Abbracciare il principio femminile significa concederti di essere vulnerabile, di aprirti senza paura, sapendo che in quella vulnerabilità si nasconde una forza immensa. È il coraggio di mostrarti come sei, di fluire con le sfide e di lasciarti guidare dalla tua intuizione.

Proprio come la luna che cambia ciclicamente, **la tua energia femminile ti insegna che è nella mutevolezza che si trova la vera saggezza.**

Il principio femminile ti invita a lasciare andare il controllo, a permettere all'universo di fare il suo corso. Non devi sempre lottare per essere forte, **a volte la tua vera forza sta nell'essere**

morbida, nell'accogliere con dolcezza le tue emozioni, proprio come la luna accoglie ogni fase del suo ciclo senza resistenza.

Mentre il sole del principio maschile ti spinge a creare, a costruire, **la luna ti guida a esplorare il mistero**, a trovare la bellezza nell'ombra, a fidarti di ciò che non puoi vedere ma solo percepire.

La tua luna interiore ti invita a danzare con l'invisibile, ad abbracciare ogni parte di te stessa, senza paura di ciò che scoprirai nelle profondità del tuo essere.

14

LE FERITE DELL'ANIMA - CURARE LE CICATRICI DEL PASSATO

Ogni anima porta con sé cicatrici che raccontano storie di dolore, delusioni e traumi non risolti. Queste ferite, spesso nascoste nelle profondità del cuore, si manifestano nelle relazioni attuali, creando ostacoli che sembrano insormontabili. **Per aprirti veramente all'amore della tua fiamma gemella, è necessario affrontare e guarire queste ferite.** Quando incontri la tua fiamma gemella, non c'è più modo di nascondersi: è come se ogni ferita, ogni cicatrice non curata, si rivelasse, chiedendo attenzione e guarigione.

Sentire quel dolore che riaffiora può sembrare spaventoso. È come un fuoco che arde dentro di te, risvegliando antiche emozioni che pensavi di aver superato. **Ma in quel bruciore, c'è anche la promessa della trasformazione.** Sentilo, vivilo, e poi lascia che si trasformi in saggezza. È un processo che ti libera, ti rende più forte, e ti avvicina all'armonia con te stessa e con la tua fiamma gemella.

Il principio maschile dentro di te è legato alla forza, alla determinazione e al controllo. Tuttavia, quando questo principio è squilibrato, **le sue ombre si manifestano sotto forma di aggressività, paura di mostrare vulnerabilità e un costante bisogno di controllare tutto.** Queste ombre non sono altro che ferite non guarite, tracce di dolori che cercano ancora una via d'uscita.

Quando il maschile riesce a guarire, diventa una presenza potente ma dolce, una forza che non schiaccia, ma che protegge e sostiene. **Sentirai un senso di sicurezza interiore**, un equilibrio tra azione e pazienza, e capirai che il vero potere non è nel controllo, ma nella capacità di agire senza paura.

Il principio femminile, connesso alla sensibilità, alla cura e all'intuizione, può essere profondamente ferito quando manca di fiducia in se stesso. **Quando è squilibrato, il femminile può diventare manipolativo, insicuro e dipendente dall'approvazione altrui.** Questo crea un circolo vizioso in cui la paura di non essere abbastanza prende il controllo e soffoca la tua vera essenza.

Guarire il femminile significa riscoprire il potere della tua autenticità, imparare a nutrire te stessa senza aspettare l'amore e l'approvazione degli altri. **Solo quando il principio femminile è in pace, può creare uno spazio di amore incondizionato,** uno spazio dove puoi essere totalmente te stessa, senza dover cercare di adattarti o di compiacere.

Il viaggio verso la guarigione delle tue ferite non riguarda solo il risanamento di una parte di te. **Si tratta di fondere queste due energie opposte, maschile e femminile, in un'armonia sacra.** Quando le due forze si uniscono, creano un equilibrio potente dentro di te. Questo equilibrio ti prepara a incontrare la tua fiamma gemella, ad accogliere quell'amore puro che ti riflette completamente.

Senti l'energia maschile e femminile fondersi dentro di te, creando un'armonia che ti rende pronta per l'amore più intenso e sacro della tua vita. Quando sarai in equilibrio, il ricongiungimento con la tua fiamma gemella diventerà inevitabile, perché sarai finalmente pronta per un'unione che va oltre il corpo e la mente, per toccare l'anima.

Le Ombre del Maschile: Curare le Ferite del Principio Maschile

Il principio maschile dentro di te può diventare un luogo di disarmonia quando è governato dall'ego o dalla costante necessità di controllo.

Le ombre del maschile si manifestano quando l'energia non è bilanciata, creando un flusso di aggressività, resistenza alla vulnerabilità e una profonda incapacità di ascoltare davvero.

Queste sono ferite antiche, che affondano le loro radici in esperienze passate, in dolori mai risolti.

Immagina il principio maschile come un guerriero stanco.

Ha combattuto a lungo, protetto e costruito, ma in questo viaggio si è perso, dimenticando come essere in pace.

Questa energia, quando ferita, si chiude a riccio, incapace di aprirsi all'amore o di permettersi di essere vulnerabile. Il risultato è un costante bisogno di difendere il proprio spazio, di alzare muri e di tenere tutto sotto controllo.

Ma queste ferite possono essere guarite. Quando inizi a portare consapevolezza alle ombre del maschile, quando riconosci quelle parti di te che cercano di dominare o di controllare per paura di essere ferite, allora si apre una strada verso la guarigione. La chiave è permettere al maschile di rilassarsi, di accettare che non tutto ha bisogno di essere protetto con forza.

Quando il principio maschile trova pace, si trasforma in una forza che nutre e protegge senza soffocare. È come un albero dalle radici profonde, che fornisce ombra e rifugio, senza mai chiedere nulla in cambio.

In questo stato, diventa una presenza stabile e sicura, capace di sostenere la tua crescita senza dominare.

Il maschile equilibrato è la colonna portante dell'amore e della protezione, non una forza che costringe o limita, ma una che abbraccia e incoraggia.

Sentire questa trasformazione è come percepire il vento che cambia direzione, dolce e potente al tempo stesso. **Dentro di te, quando il maschile è guarito, diventa un faro di luce**, una forza che ti guida e ti sostiene nel viaggio della tua anima.

Le Ombre del Femminile: Guarire il Principio Femminile Ferito

Il principio femminile, quando ferito, può diventare una forza oscura che ti trattiene, che ti fa sentire piccola e dipendente dagli altri. **Le ombre del femminile si manifestano sotto forma di insicurezza, bisogno costante di approvazione, e manipolazione emotiva.** È una danza pericolosa, in cui il tuo potere interiore viene soffocato dal desiderio di essere accettata e amata a tutti i costi. Questa ferita, che affonda le sue radici in traumi passati, relazioni dolorose o mancanza di autostima, può portarti a cercare conferme dall'esterno, dimenticando che **la vera forza risiede dentro di te**.

Quando il principio femminile è squilibrato, tende a controllare le situazioni per paura di essere abbandonato o rifiutato. Si aggrappa all'idea che solo l'amore degli altri può darti valore, e così finisci per sacrificare la tua autenticità per essere ciò che pensi gli altri vogliano. **È un ciclo doloroso** che ti allontana dal tuo vero potere interiore, rendendo il femminile un'ombra di ciò che potrebbe essere.

Ma **curare il femminile ferito** è possibile. La guarigione inizia nel momento in cui ti permetti di **amarti senza condizioni**, di abbracciare ogni parte di te stessa, senza più giudizio. Questo amore incondizionato non è solo verso gli altri, ma prima di tutto verso di te. Significa imparare a fluire con la vita, senza volerla controllare o manipolare, senza paura di perdere ciò che è destinato a te.

Senti il potere di questo amore interiore che non chiede conferme dall'esterno. Quando il femminile ferito guarisce, diventa una forza creatrice, una fonte inesauribile di nutrimento, compassione e intuizione. **In questo spazio di pace, puoi**

permettere a te stessa di essere vulnerabile e forte al tempo stesso, di accogliere il mondo con la tua sensibilità senza temere di essere ferita.

Quando inizi a guarire il principio femminile, **ti apri all'energia dell'amore incondizionato**. È qui che risiede la vera potenza del femminile: nella capacità di accogliere ogni parte di te, anche quelle che hai cercato di nascondere o dimenticare. Solo così, attraverso questa guarigione profonda, **potrai prepararti ad accogliere la tua fiamma gemella**, non più con la paura di essere ferita, ma con il coraggio di amare autenticamente.

La fusione armoniosa tra il principio maschile e quello femminile è il passo finale per raggiungere la completezza. In te, queste due forze si intrecciano, si equilibrano e si sostengono a vicenda, creando uno spazio sacro in cui puoi crescere e prepararti per l'incontro più importante della tua vita: l'unione con la tua fiamma gemella.

COSA SONO LE FIAMME GEMELLE?

Hai mai sentito quel brivido improvviso, una scossa profonda che parte dal cuore e attraversa l'anima? Il mondo sembra fermarsi, e in quel momento tutto appare più chiaro. La sua presenza risveglia qualcosa di antico, un legame che supera il tempo e lo spazio. Non è solo un incontro casuale. Quando due anime si riconoscono, la vita stessa si trasforma.Potresti sentire la sua energia ancora prima di incontrarla. L'aria intorno a te diventa più densa, il battito del tuo cuore accelera, e nei tuoi sogni compare quella figura, familiare e misteriosa allo stesso tempo. La vostra connessione non ha bisogno di parole, c'è una comprensione silenziosa, un'attrazione che va oltre l'aspetto fisico, oltre la logica.

Le fiamme gemelle non sono semplici amanti o amici. Sono due metà di uno stesso fuoco, separate da un tempo antico, ma destinate a ritrovarsi. Quando la tua anima incontra la sua, tutto cambia: i colori sono più vividi, i suoni più intensi, e anche le sfide più grandi sembrano affrontabili, come se avessi trovato quella forza nascosta che ti mancava.Ma la loro unione non è sempre facile. È un legame profondo, capace di sconvolgerti, di farti mettere in discussione tutto. Potresti sentire la tensione crescere, come un temporale che precede la quiete. Tuttavia, questo legame non si spezza. Non importa quanto ci provi, quanto tu o l'altra persona possiate allontanarvi, tornerete sempre l'uno dall'altra, perché non si tratta solo di amore terreno. È qualcosa di più, qualcosa di sacro.Le radici di questo concetto risalgono a epoche lontane, a quando le anime erano unite, perfettamente in equilibrio. Ma con il passare del tempo e delle vite, sono state separate, costrette a vagare finché non si ritrovano. E quando lo fanno, il riconoscimento è immediato, come se il filo invisibile che vi legava fosse sempre stato lì, in attesa di riannodarsi.

La storia della teoria della fiamma gemella

C'era un tempo, lontano, in cui gli esseri umani non erano come li conosciamo oggi. Erano creature potenti, con quattro braccia, quattro gambe e due volti che guardavano in direzioni opposte. Camminavano sulla terra come giganti, uniti in una forma perfetta, maschile e femminile, e in esseri che racchiudevano entrambi. Erano un tutt'uno, completi, e la loro forza faceva tremare persino gli dèi.

Gli dèi, osservando dall'alto, iniziarono a temere il potere di queste creature. Sentivano crescere in loro una forza che avrebbe potuto sfidarli, minacciando il loro regno. Così Zeus, con la sua mente astuta, prese una decisione crudele ma necessaria: tagliò queste creature a metà, separandole per sempre. Divise ciò che era una cosa sola in due parti, lasciando che vagassero per il mondo, incomplete, alla ricerca della loro metà mancante.

La separazione fu devastante. Le anime spezzate si ritrovarono deboli, prive di scopo. Il senso di perdita, il vuoto profondo, divenne parte della loro esistenza. Il cielo sembrava meno vasto, la terra più fredda. Non c'era più quella scintilla che dava loro energia. Ma gli dèi, nonostante la loro sete di controllo, capirono che qualcosa doveva essere fatto. Apollo, il dio della luce e della guarigione, propose una soluzione: avrebbe cucito le ferite lasciando un segno visibile, l'ombelico, come memoria di ciò che era stato. Un marchio silenzioso che ricordava ad ogni essere che la sua altra metà esisteva ancora, da qualche parte nel mondo.

Da quel momento in poi, ogni essere umano venne al mondo con un desiderio innato: cercare la propria metà perduta. Non è solo un bisogno d'amore, viandante. È qualcosa di più profondo. È la sete di completezza, di ritrovare quella parte di te che senti mancare. E tu, come tutte le anime che camminano su questa terra, porti dentro di te quel fuoco che brucia, quella consapevolezza silenziosa ma costante che da qualche parte, qualcuno ti sta cercando.

Ma il percorso verso la tua fiamma gemella non è semplice. Gli dèi, pur riconoscendo l'importanza di questa ricerca, l'hanno resa difficile, quasi impossibile. Incontrare la propria fiamma gemella significa risvegliare un potere antico, una forza che potrebbe rivaleggiare con quella stessa degli dèi.

Ecco perché non tutte le anime si trovano subito. Ci sono prove da superare, lezioni da imparare. Ogni ostacolo, ogni dolore che senti, ti prepara per quell'incontro, ti rende più forte, più consapevole.

Quando troverai la tua fiamma gemella, viandante, non sarà solo un incontro tra due corpi. Sarà un risveglio.

Ogni fibra del tuo essere vibrerà. Il mondo intorno a te sembrerà cambiare: l'aria diventerà più densa, ogni colore più vivido, ogni suono più profondo.

Le tue mani tremanti toccheranno le sue, e in quell'istante capirai che finalmente sei tornata a casa.

Archetipo delle fiamme gemelle

Cercatrice, ti chiedo di soffermarti per un istante. Ascolta il battito del tuo cuore, quell'eco profonda che risuona dentro di te, come se stesse cercando qualcosa o qualcuno che ancora non hai trovato. È una ricerca antica, un legame che risale a tempi remoti, quando il mondo era abitato da dèi e dee, e il destino delle anime si intrecciava con quello degli immortali.

Afrodite, dea dell'amore e della bellezza, e Ares, dio della guerra, rappresentano il potere delle fiamme gemelle. Due forze opposte, apparentemente inconciliabili. Lei, incarnazione della dolcezza, della passione che accarezza ogni cosa, e lui, pura forza, distruzione, caos. Avrebbero dovuto respingersi, eppure si cercavano, come due magneti attratti da una forza invisibile, più grande di loro.

Afrodite, sposata con Efesto, il dio del fuoco e delle forge, passava le notti da sola, ignorata e frustrata, mentre lui si perdeva nel rumore sordo del martello sull'incudine. In questo vuoto, Ares la raggiungeva. E quando le loro mani si toccavano, sotto la luce morbida della luna, il mondo intorno sembrava fermarsi. Ogni incontro tra loro era un'esplosione di energia che li univa in un abbraccio che né gli dèi né il destino potevano spezzare.

Quando Helios, il sole eterno, li scoprì, gli dèi si infuriarono. Era proibito per loro amarsi. Eppure, neanche la separazione divina riuscì a tenerli lontani. Continuarono a incontrarsi, a sfidare l'ordine delle cose, e dalla loro unione nacquero sette figli, tra cui Eros, il dio dell'amore e del desiderio, a ricordare che quando le fiamme gemelle si uniscono, creano qualcosa di eterno, di magico, che nessuno può distruggere.

Cercatrice, forse anche tu hai sentito quell'attrazione, quella forza che ti spinge verso qualcuno, un legame così profondo da sfidare le logiche terrene. Alcuni pensano che la fiamma gemella debba essere per forza un amante, ma non è sempre così. La tua fiamma gemella potrebbe manifestarsi come un amico, un mentore, persino uno studente che arriva nella tua vita per insegnarti qualcosa di fondamentale. Appare quando meno te lo aspetti, spesso nei momenti di maggiore bisogno, quando senti che il tuo cammino è buio e hai bisogno di una guida.Le relazioni tra fiamme gemelle sono intense, travolgenti, capaci di sconvolgerti nel profondo. Sono come il fuoco: scaldano, ma possono anche bruciare. È raro che durino per tutta la vita, perché spesso la loro forza distruttrice è così grande da non poter essere contenuta. Quando la separazione arriva, il dolore è inevitabile.

Ma ogni incontro, anche breve, lascia un segno indelebile. Ti cambia, ti trasforma, ti offre le risposte che cercavi, anche se in modi che non avevi previsto.

Hai già una fiamma gemella vicino a te ?

hai mai sentito quel filo invisibile che ti lega a qualcuno in modo così profondo da superare lo spazio e il tempo? La tua anima gemella, o fiamma gemella, non è solo una persona che ti completa. È una connessione che va oltre le parole, un riconoscimento silenzioso che vibra sotto la superficie.

Ecco alcuni segni che potrebbero indicare che hai già incontrato la tua fiamma gemella:

1) Il tempo smette di esistere. Quando siete insieme, le ore volano come minuti, ma non c'è mai fretta o ansia. Passate ore a parlare, a condividere, e alla fine della giornata, vi chiedete dove sia finito il tempo. Eppure, la voglia di rivedervi non si esaurisce. *Come due viaggiatori che percorrono la stessa strada, senza mai stancarsi della compagnia reciproca.*

2) Déjà vu costanti. C'è una sensazione strana quando parlate. Le vostre esperienze sembrano intrecciarsi, come se foste sempre stati diretti l'uno verso l'altra. È come se la vita stessa vi stesse spingendo a incontrarvi. *Forse avete avuto gli stessi sogni, visitato gli stessi luoghi o vissuto eventi simili senza saperlo.*

3) Una forza magnetica vi attira. Quando siete vicini, sentite una corrente nell'aria, come un crepitio invisibile tra le vostre energie. Non si tratta solo di attrazione fisica, ma di qualcosa di più profondo, un'intesa che si esprime attraverso silenzi condivisi. **È una connessione spirituale tanto quanto fisica.**

4) I vostri punti di forza e debolezza si compensano. Dove tu sei debole, lui o lei è forte. E viceversa. Insieme siete invincibili, due parti che si completano perfettamente. *Come se foste nati per sostenervi e bilanciarvi a vicenda.* Insieme formate una squadra capace di affrontare qualsiasi sfida.

5) Uno scopo comune vi lega. Vi guidano gli stessi valori, gli stessi sogni. *Forse entrambi desiderate aiutare gli altri, crescere spiritualmente o creare qualcosa di significativo.* È come se foste mossi dallo stesso fuoco interiore.

6) Conoscenza profonda e accettazione. Vi conoscete nei dettagli, fino alle vostre imperfezioni più intime. Ma non c'è giudizio, solo accoglienza. **Non c'è bisogno di fingere, perché sai di essere accettata per ciò che sei.**

7) Non temete il conflitto. Anche quando litigate, non c'è mai la paura che vi separiate. Sapete che, qualunque sia la disputa, troverete sempre un punto di incontro. **C'è una fiducia incrollabile nel fatto che il vostro legame è più forte di qualsiasi divergenza.**

8) La connessione si estende su più livelli. Siete amanti, ma anche amici, compagni di viaggio e guide l'uno per l'altra. *A volte, una parola o uno sguardo sono sufficienti a capirvi.* È come se aveste vissuto mille vite insieme.

9) Sincronicità inquietante. Scoprirete spesso coincidenze nelle vostre vite passate o attuali. Magari eravate nello stesso luogo durante un evento importante senza rendervene conto, o avete condiviso esperienze simili in momenti diversi. *Come se le vostre strade si fossero sempre sfiorate, in attesa di intrecciarsi.*

10) Crescete insieme. Il vostro legame non vi limita, vi espande. Più tempo passate insieme, più diventate compassionevoli, empatici, capaci di comprendere non solo voi stessi, ma anche il mondo intorno a voi. *Come due alberi le cui radici si intrecciano sotto terra, crescendo verso il cielo.*

Perché abbiamo bisogno di una fiamma gemella

Non è la mancanza di una fiamma gemella a renderti incompleta. Siamo già anime complete, capaci di amare, crescere e brillare da sole. Ma una relazione con la tua fiamma gemella ha il potere di portarti su un altro livello di esistenza. **È un viaggio verso l'evoluzione spirituale,** un cammino che ti insegna a liberarti dell'ego, a guarire le ferite profonde del cuore e a scoprire il tuo vero potenziale.

La relazione con una fiamma gemella non ha un unico scopo. Può manifestarsi in molte forme: un amore travolgente, un progetto condiviso, un'amicizia che ti ispira. **Può condurti verso un'unione armoniosa e bilanciata.** A volte, il legame si esprime attraverso l'educazione dei figli, la collaborazione in cause importanti come la protezione della natura o il sostegno reciproco nella crescita spirituale.

Ma spesso, **i segnali che ci conducono alla nostra fiamma gemella possono essere offuscati.** Le influenze esterne – come il dolore o una relazione sbagliata – possono annebbiare la tua capacità di percepire quella connessione profonda. Le emozioni pesanti, che ti svuotano e ti rendono insensibile, possono renderti cieco davanti alla presenza di una fiamma gemella. **Potresti essere così immersa nel dolore o bloccata da situazioni tossiche, da non accorgerti del dono che ti sta aspettando.**

Che tu sia alla ricerca di una nuova connessione spirituale o che stia esplorando le relazioni che già hai, **è importante prestare attenzione a come ti fanno sentire le persone intorno a te.** *Forse qualcuno che già conosci fa parte della tua composizione spirituale, e tu ancora non lo sai.*

ANIME GEMELLE VS FIAMME GEMELLE

Quali sono le differenze tra questi tipi di relazioni?
Forse hai già sentito parlare di ciò che una fiamma gemella porta in una relazione, ma ti sei mai chiesta cosa rappresenta davvero un'anima gemella?

Cosa sono le anime gemelle

Le anime gemelle sono persone che entrano nella tua vita e la trasformano profondamente, lasciando un segno indelebile. **Non sono solo incontri casuali, ma connessioni che sembrano scritte nelle stelle.** *C'è un senso di familiarità, come se vi foste già incontrati in un tempo lontano, forse in una vita precedente.* Queste persone rispecchiano una parte di te, mostrandoti non solo i tuoi punti di forza, ma anche le tue debolezze. Attraverso di loro, puoi vedere più chiaramente chi sei davvero.

La differenza tra un'anima gemella e una fiamma gemella è nella profondità del legame.
Mentre hai una sola fiamma gemella, l'altra metà della tua anima, **le anime gemelle sono estensioni del tuo essere spirituale.** *Puoi incontrare molte anime gemelle nel corso della vita, e ciascuna di esse ha un ruolo specifico da svolgere nel tuo cammino.* Alcune possono arrivare come amanti, altre come amici che portano luce e significato alla tua esistenza.

Le anime gemelle rendono la vita più ricca e significativa.
Non si limitano a essere compagni, ma sono catalizzatori che accendono nuove prospettive, aprendo porte che non sapevi nemmeno esistessero. *Forse c'è un'amica che ti ha incoraggiato a seguire una passione nascosta, o un partner che ti ha fatto vedere il mondo sotto una luce diversa.* Anche se a volte rimangono solo per un breve periodo, **la loro presenza lascia sempre una traccia indelebile.**

Un'anima gemella non dovrebbe mai mettere pressione su una relazione.
Descrivere qualcuno come un'anima gemella può creare aspettative, ma una vera connessione con un'anima gemella è naturale e fluida. *È come un fiume che scorre senza sforzo.* **A differenza delle relazioni con una fiamma gemella, che possono essere turbolente e cariche di emozioni estreme,** una relazione con un'anima gemella è intensa, ma nel senso più gioioso. **Ti fa sentire a casa, rilassato e sicuro.**

Le anime gemelle possono rimanere al tuo fianco per tutta la vita, **essere come una roccia stabile su cui contare,** oppure possono essere il fulmine che ti scuote, accendendo un'idea brillante, solo per poi svanire poco dopo. *Pensa a una persona che, magari anche solo per pochi istanti, ti ha detto qualcosa che ha cambiato il corso della tua vita.*

Il rapporto con un'anima gemella è un delicato equilibrio di dare e ricevere.
Queste persone sono qui per aiutarti a uscire dalla tua zona di comfort, spingendoti a crescere quando ne hai bisogno. *Forse ti hanno sfidato a fare quel salto che avevi sempre rimandato.* Le anime gemelle sono destinate a insegnarti lezioni preziose, a far crescere la tua forza spirituale e a espandere la tua coscienza. **Non si limitano a migliorarti come individuo, ma ti preparano per un cammino più elevato.**

Durante la tua vita, incontrerai molte anime gemelle.
Ogni incontro sarà significativo, e ognuna di queste anime
porterà con sé un pezzo di saggezza che ti aiuterà a evolverti.
Tuttavia, potrebbe non essere così per la tua fiamma gemella.
**Non tutti incontrano la propria fiamma gemella in questa vita,
e questo non deve rattristarti.** *Non è necessario che accada per avere
una vita piena e soddisfacente.* Sei già completa come sei. **Ma se
dovessi essere benedetta da un legame con la tua fiamma
gemella, preparati a un'esperienza intensa, piena d'amore ma
anche di sfide profonde.**

I segni per riconoscere le persone del tuo gruppo di anime

Quando entri in contatto con qualcuno del tuo gruppo
dell'anima, **la connessione è istantanea.** Non c'è bisogno di
parole, è come se il vostro legame fosse stato stabilito molto
prima di incontrarvi. **L'energia tra di voi vibra in modo quasi
fisico,** creando una risonanza che ti scuote dall'interno. *Forse, in
un primo scambio di sguardi, senti qualcosa che va oltre il visibile.*

Le persone del tuo gruppo dell'anima possono provenire da ogni
angolo del mondo, con background, culture e persino generi
diversi. **Ma ciò che vi unisce è qualcosa di molto più profondo.**
*Non importa quali siano le vostre differenze esteriori, perché
condividete gli stessi valori e sogni.* **Credete nelle stesse cose,
aspirate agli stessi ideali.** È un'affinità che va oltre la logica.

**Per beneficiare davvero di queste connessioni, devi essere
aperto e ricettivo.**
Se sei bloccata da pensieri negativi, o se le paure ti impediscono
di lasciarti andare, potresti perdere l'opportunità di riconoscere
qualcuno del tuo gruppo dell'anima. *Le emozioni negative possono
farti alzare muri che impediscono alla luce di entrare.* **Ma se apri il
tuo cuore, ogni incontro sarà una lezione, una crescita.**

Dove incontri il tuo gruppo dell'anima?
Non è una domanda facile, e spesso le risposte che ricevi potrebbero sembrare vaghe. **Non esiste un luogo specifico, perché questi incontri accadono quando sei pronto.** *È come una porta che si apre al momento giusto.* Questo non significa che devi aspettare passivamente: **le opportunità arrivano quando inizi a cercare.** Forse attraverso nuove esperienze, interessi o hobby.

Inizia con l'ascoltare ciò che il tuo cuore ti dice. **Il cuore sa quando è il momento di uscire dalla tua zona di comfort.** *Forse c'è un'occasione che ti fa paura, ma senti che devi coglierla.* **Segui quella sensazione viscerale, fidati di te stessa.**

Internet può sembrare un luogo insolito per trovare connessioni spirituali, ma non sottovalutarlo. *Creare un corso online o unirti a gruppi che condividono i tuoi interessi potrebbe aprire porte inaspettate.* Anche se non troverai subito la tua anima gemella, stai espandendo il tuo mondo e coltivando nuove connessioni. **Ogni passo che fai verso gli altri è un passo verso la scoperta.**

Segni che hai incontrato qualcuno del tuo gruppo dell'anima:

1. **Il contatto visivo è intenso.**
   Quando i tuoi occhi incontrano i suoi, **senti un legame profondo e familiare,** *come se aveste già condiviso qualcosa in un altro tempo.* Non c'è imbarazzo, solo conforto.

2. **Le conversazioni vanno oltre l'apparenza.**
   Non saranno interessati a quanto guadagni o al tuo status sociale. **Le loro parole scavano in profondità, concentrandosi su questioni spirituali.** *Forse iniziate a parlare di cambiamenti globali, di ecologia, di vita consapevole.* Senti che ciò che conta davvero è la tua impronta spirituale.

3. **L'attrazione è magnetica.**
   Anche se il tempo che passate insieme è breve, senti una

forza che ti attrae verso di loro. **È come se la loro energia ti avvolgesse.**

4. **Condividete le stesse convinzioni.**
Le loro parole rispecchiano i tuoi pensieri. **Non è solo una coincidenza, è sincronicità.**

5. **Il tempo con loro sembra sospeso.**
Quando siete insieme, **il tempo si dissolve.** *Ore passano come minuti.* Sei così coinvolto nel momento che nient'altro ha importanza.

6. **Appaiono al momento giusto.**
Non importa se non ti rendi conto, **loro sapranno quando sei pronto a incontrarli.** E spesso arriveranno nel momento in cui hai più bisogno di sostegno.

7. **Ti sfidano senza giudicarti.**
Il tuo gruppo dell'anima non è lì solo per supportarti. **Ti spingeranno a crescere, a superare le tue paure,** ma lo faranno sempre con amore. *Saranno il vento dietro le tue spalle, mai il muro di fronte a te.*

8. **Ti senti energizzata dopo ogni incontro.**
Dopo aver trascorso del tempo con loro, **la tua anima si sentirà nutrita, come dopo un pasto abbondante e soddisfacente.** *Ti senti pieno di vita, pronto ad affrontare il mondo.*

9. *Puoi essere te stessa.*
Non devi mai fingere con loro. **Loro vedono e accettano il tuo vero io, senza giudicare.** *Con loro, puoi lasciar cadere tutte le maschere.*

I 10 archetipi di anima gemella

Il tuo gruppo animico comprende molte anime che ti accompagnano lungo il cammino della vita, ognuna con un ruolo diverso nel tuo percorso di crescita spirituale e personale. Scopriamo insieme chi può far parte della tua coscienza spirituale e della tua comune umanità.

1) Partner dell'anima

I partner dell'anima sono le connessioni più comuni che puoi incontrare. **Non si limitano solo ai legami romantici o matrimoniali,** ma possono includere collaborazioni di vita, come amici stretti o colleghi con cui condividi una missione importante. *Pensa a quel fratello o quella sorella con cui hai un legame così forte che sembra un compagno di vita.* Queste persone ti accompagnano nei momenti difficili, ti sostengono e ti ricordano quanto siamo tutti connessi nella nostra umanità.

2) Anime gemelle reincarnate

Quando incontri un'anima reincarnata, **potresti avvertire subito una familiarità inspiegabile.** È possibile che abbiate vissuto insieme in vite precedenti e che ci siano questioni irrisolte da sanare in questa vita. *Forse senti una strana tensione tra voi due, qualcosa di non detto che sembra affondare radici in un passato lontano.* È importante guardare oltre i sentimenti residui e giudicare la persona per chi è oggi, per permettere a entrambe le anime di guarire.

3) Anime gemelle romantiche

Queste anime entrano nella tua vita per farti crescere attraverso il romanticismo, ma **non sempre sono destinate a restare.**
Possono portare gioie immense o ferite profonde, ma ogni relazione ha uno scopo: insegnarti a creare legami duraturi e ad affrontare le difficoltà della vita. *Un amante potrebbe sfidarti costantemente,*

ma ti mostra come diventare una persona migliore, anche se la vostra strada non è destinata a incrociarsi per sempre.

4) Anime gemelle

Non tutte le anime gemelle sono romantiche. **Molte anime gemelle sono coloro che costituiscono il tuo cerchio di supporto.** *Quei pochi amici fidati che sono lì per te nei momenti difficili.* Sono il balsamo per la tua anima, le persone su cui puoi contare per un consiglio sincero o una parola di conforto. **Queste anime gemelle sono il nutrimento spirituale di cui hai bisogno per affrontare il viaggio della vita.**

5) Famiglie dell'anima

Queste persone non fanno parte della tua famiglia biologica, ma **condividono la tua stessa passione e dedizione.** *Potrebbero essere membri di un gruppo spirituale o una comunità impegnata in una causa comune.* Anche se non vi incontrerete mai di persona, il legame che condividete è profondo, basato su un impegno reciproco per un obiettivo comune. **Sono la tua famiglia spirituale, uniti dalla stessa visione per il mondo.**

6) Spiriti affini

Questi legami sono formati dalla condivisione di esperienze simili. **Non sempre sono anime gemelle, ma il loro contributo è significativo.** *Potresti essere una giovane madre che si rivolge ad altre madri nella stessa situazione per trovare supporto, o magari sei un professionista che trova conforto in chi comprende le sfide della tua carriera.* Questi legami portano comprensione e sostegno in modo unico.

7) Contratti d'anima

Questi non fanno parte del tuo gruppo d'anima, ma sono promesse che fai a te stessa. **Hai preso un impegno con la tua anima per realizzare qualcosa di importante in questa vita.** *Potrebbe essere un obiettivo che senti di dover raggiungere, una missione personale o un cambiamento significativo.* Questo contratto ti dà forza e direzione, aiutandoti a perseverare quando le sfide si fanno difficili.

8) Insegnanti dell'anima

Questi sono i membri del tuo gruppo animico che **entrano nella tua vita per insegnarti lezioni profonde.** *Possono essere professori, mentori, o anche persone che incontri casualmente, ma che ti guidano in un modo che cambia il corso della tua vita.* Questi insegnanti ti trasmettono non solo conoscenza, ma anche saggezza, aprendo nuove strade che non avresti mai considerato.

9) Incroci di anime

A volte, gli incontri più brevi possono avere un impatto altrettanto profondo. **Gli incroci di anime sono come navi che passano nella notte,** lasciando un segno indelebile. *Potrebbe essere un amante che incontri in vacanza, o una persona che ti tocca profondamente ma poi scompare dalla tua vita.* Questi incontri ti ricordano che **il tempo non è l'elemento cruciale,** ma ciò che impari e senti nel breve periodo può essere di grande valore.

10) Anime gemelle karmiche

Il karma non è una semplice punizione o ricompensa, **ma un sistema di crescita ed evoluzione.** *Le anime gemelle karmiche entrano nella tua vita per aiutarti a correggere il tuo percorso o a riconoscere i tuoi errori.* Potrebbero apparire in momenti chiave, portando con sé lezioni difficili o grandi illuminazioni. **Sono qui per aiutarti a evolvere e ad allinearti con il tuo destino.**

Il tuo gruppo d'anima è il sostegno che ti guida nella vita. Ogni anima che incontri, breve o duratura che sia, **porta con sé una lezione o un dono.** E anche se potresti non incontrare mai la tua fiamma gemella, **ricorda che sei già completa così come sei.** Le persone che attraversano il tuo cammino fanno parte del tuo viaggio di crescita e di evoluzione, e il loro compito è arricchire la tua anima e aiutarti a scoprire chi sei veramente.

LE ANIME GEMELLE COME PARTNER DI VITA

Quando pensi alle relazioni amorose, probabilmente ti viene in mente l'immagine di due persone che si incontrano, si innamorano, costruiscono una famiglia e poi invecchiano insieme. **Questa è l'idea del "compagno di vita",** una persona che rimane accanto a te, nella buona e nella cattiva sorte, condividendo il viaggio della vita. *Due anime che camminano mano nella mano verso un futuro comune.*

Ma, e se si trattasse di una fiamma gemella? **È ideale che la tua fiamma gemella sia anche il tuo compagno di vita?** Nella maggior parte dei casi, la risposta è no. **Le fiamme gemelle non sono destinate a una vita pacifica e stabile.** Sono due metà della stessa anima, connesse da una passione travolgente, turbolenta, che può accendere le emozioni più profonde e complesse. *Non puoi scegliere la tua fiamma gemella; siete uniti a un livello spirituale che va oltre ogni controllo umano.*

Quando incontrerai la tua fiamma gemella, lo saprai, perché l'energia tra di voi sarà intensa, come una tempesta che si avvicina. **Le fiamme gemelle ti spingeranno a guardarti dentro, a esplorare parti di te che forse non avevi mai voluto vedere.** *Ti faranno mettere in discussione tutto, portandoti dai picchi di estasi alle profondità dell'oscurità.* È una relazione che non può essere ignorata o presa alla leggera, perché ti trasforma, nel bene e nel male.

La passione che provi per la tua fiamma gemella non sarà sempre di natura sessuale, ma **sarà così forte che ti sembrerà di non poter vivere senza di loro.** *Come un drogato, sentirai il bisogno di quel legame, anche se ti consuma.* Le persone intorno a te potrebbero cercare di metterti in guardia, *dicendoti di allontanarti, di non farti male.* Ma il legame sarà più forte di ogni consiglio, perché è un richiamo dell'anima.

D'altra parte, anche **le anime gemelle sono destinate a entrare nella tua vita,** ma con uno scopo diverso. Le anime gemelle sono **connessioni profonde e predestinate.** *Forse avete vissuto insieme in vite passate, avete condiviso esperienze che ora vi guidano l'uno verso l'altro.* Ma le relazioni con le anime gemelle non sono sempre permanenti. *Possono arrivare per restare o possono svanire quando il loro compito è stato compiuto.*

La differenza tra una fiamma gemella, un'anima gemella e un compagno di vita risiede nel loro scopo. **Tutte le relazioni che vivi prima di incontrare il tuo compagno di vita servono a insegnarti qualcosa di essenziale.** *Ogni ferita, ogni sofferenza, ogni gioia vissuta è parte del tuo viaggio di crescita.* Ti preparano a riconoscere ciò di cui hai davvero bisogno in un partner di vita.

Quando accetti l'amore nella tua vita, non stai solo aprendo il cuore a una persona.

Stai accogliendo la possibilità di avere **una pletora di connessioni profonde e autentiche,** che ti rendono più completa e ti aiutano a costruire relazioni solide, capaci di tenerti con i piedi per terra. *È un percorso che ti porta alla vera stabilità, alla sicurezza interiore che deriva dall'avere accanto la persona giusta.*

Tipi di relazione che dovresti sperimentare nella tua vita

1) Il Partner

Un partner di vita è il compagno che scegli per condividere l'amore e il cammino insieme. **Può essere il tuo fidanzato, la tua fidanzata, tuo marito o tua moglie.** *La definizione di "partner" non ha limiti: trascende genere, sessualità o ruoli tradizionali.* **Ciò che tutti cerchiamo è un rifugio sicuro,** un luogo dove ritirarsi quando il mondo diventa troppo pesante. *Una persona che è lì per te nei momenti difficili, pronta a proteggerti e sostenerti.*

Tradizionalmente, il partner maschile era visto come l'"eroe", colui che proteggeva e salvava la sua donna. **Ma oggi le donne assumono ruoli altrettanto forti,** pronte a sostenere e proteggere il loro partner con la stessa energia. *Non significa però che l'istinto eroico debba essere ignorato: fa parte della natura maschile.* Lascia che il tuo uomo si senta un eroe, *anche nelle piccole cose: fagli sentire che è importante e necessario nella tua vita.*

2) Il Mentore

on tutte le partnership di vita si basano sul romanticismo. **Il mentore è una figura che ti guida e ti ispira lungo il tuo cammino.** *Forse è stato un insegnante che ha segnato la tua vita, o un collega che ti ha insegnato più di quanto pensassi.* **I mentori sono le persone che ti aiutano a crescere,** sia personalmente che professionalmente. *Ti offrono consigli e supporto pratico, senza chiederti nulla in cambio.*

Alcuni mentori rimangono nella tua vita per anni, **mentre altri possono entrare e uscire velocemente, ma il loro impatto resta profondo.** Anche se non fanno più parte del tuo quotidiano, puoi sempre rivolgerti a loro nei momenti di bisogno. *Sono* *ancora lì, pronti a darti un consiglio o una parola saggia quando ne hai bisogno.*

3) L'Ancora

Chi è quella persona a cui ti rivolgi quando tutto sembra crollare? **L'ancora è il partner che ti aiuta a mantenerti stabile nei momenti di difficoltà.** *È quella persona di cui ti fidi, che ti aiuta a vedere le cose con chiarezza, anche quando la vita sembra confusa.* **Non ti dice solo ciò che vuoi sentire,** ma ti sfida a considerare tutti i lati della situazione. *L'ancora ti guida, ti fa riflettere e ti aiuta a stabilire priorità realizzabili nella tua vita.*

Le ancore non sono solo supporti emotivi. *Possono farti vedere cose che non riesci a vedere da sola, offrendoti prospettive diverse e aiutandoti a prendere decisioni più consapevoli.*

4) Il Confidente

Il confidente è il partner con cui puoi essere totalmente te stessa, senza filtri o maschere. *Con lui o lei, puoi condividere i tuoi pensieri più profondi, le tue paure e i tuoi segreti più oscuri.* **Sai che ogni tua parola è al sicuro,** e non c'è giudizio. *È la persona che ti capisce anche quando dici cose che potrebbero sembrare esagerate a chiunque altro.* Con il tuo confidente, puoi parlare liberamente e sapere che, qualsiasi cosa dirai, sarà ascoltata con attenzione e comprensione.

Avere qualcuno con cui sfogarti è fondamentale. *Questo tipo di connessione ti permette di liberarti dalle tensioni quotidiane, di esprimere i tuoi pensieri senza paura, e di sentirti accettata così come sei.*

I 27 punti del partner di vita

1) Un forte senso di sé e dei propri obiettivi:
Un partner di vita deve essere una persona completa, consapevole di chi è e cosa vuole. **Una persona che sa dove sta andando può essere un compagno solido.** *Non vuoi un partner che dipenda da te per definire la propria identità, perché finiresti per portare tutto il peso della relazione sulle tue spalle.*

2) Onestà:
La fiducia è la base di ogni relazione. *Le piccole bugie bianche, come un commento gentile su un taglio di capelli, fanno parte della vita, ma quando un partner inizia a mentire su questioni importanti, la fiducia si incrina.* Senza fiducia, la relazione si indebolisce rapidamente.

3) Gioia:
Dovresti provare gioia nel vedere il tuo partner. *Se la sua presenza non ti riempie di calore o felicità, potrebbe non essere la persona giusta per te.* La compagnia di un partner di vita dovrebbe portare luce nei momenti più bui.

4) Condivisione di valori morali:
Avere una visione condivisa della moralità è fondamentale. **Non scendere a compromessi sui tuoi principi.** *Anche se puoi accettare piccole differenze di opinione, valori simili creano una base solida su cui costruire la vostra vita insieme.*

5) Responsabilità:
Un partner di vita deve essere responsabile, non solo per sé stesso, ma anche per te e la vostra relazione. **Essere presenti, sostenerti nei momenti difficili, è ciò che definisce un compagno di vita.**

6) Senso dell'umorismo condiviso:
Ridere insieme è essenziale. *Un partner con cui puoi condividere*

momenti di leggerezza sarà una fonte di forza nei momenti difficili. La vita è piena di sfide, e avere qualcuno che sa come farti sorridere rende tutto più facile.

7) Forza interiore:

Nei momenti di vulnerabilità, hai bisogno di qualcuno che possa sostenerti. **Che sia forza fisica o emotiva, il tuo partner deve essere capace di farti sentire protetta.** *A volte è sufficiente il semplice sapere che è lì, accanto a te.*

8) Capacità di fidarsi:

La fiducia reciproca è la base per una relazione equilibrata. **Devi sapere che il tuo partner può fidarsi di te tanto quanto tu ti fidi di lui.**

9) Maturità:

Essere allo stesso livello emotivo è fondamentale. *L'immaturità in una relazione amorosa porterà solo a frustrazione e problemi.* Entrambi dovete essere adulti, capaci di gestire le difficoltà e i cambiamenti con responsabilità.

10) Compatibilità:

La compatibilità dovrebbe essere evidente fin dal primo incontro. *Se litigate sulle cose più semplici, è probabile che la relazione non durerà.* Non potete forzare la compatibilità; deve essere naturale.

11) Indipendenza:

Una relazione sana richiede che entrambi i partner mantengano la propria indipendenza. *Avere interessi e spazi personali rafforza il legame, piuttosto che indebolirlo.*

12) Impegno condiviso:

Entrambi dovete essere pronti a impegnarvi nella relazione. **L'impegno reciproco è ciò che fa crescere la coppia.**

13) Vulnerabilità:
Essere vulnerabili è umano, e un partner di vita deve essere in grado di mostrarsi senza barriere. *Un muro emotivo ti impedirà di avvicinarti realmente.*

14) Capacità di discutere:
Sapere come discutere è importante. *Un partner che sa risolvere i conflitti in modo costruttivo farà in modo che la relazione non venga danneggiata dai problemi.*

15) Umiltà:
L'umiltà è una qualità essenziale. *Un partner arrogante o egocentrico non sarà in grado di costruire una relazione sana e reciproca.*

16) Affetto:
Assicurati che il tuo partner abbia lo stesso approccio all'affetto che hai tu. *Se tu desideri affetto fisico e lui no, ci sarà inevitabilmente una disconnessione emotiva.*

17) Empatia:
La capacità di comprendere e confortare è cruciale. *Anche se il tuo partner non capisce pienamente ciò che stai vivendo, deve essere in grado di mostrarti empatia.*

18) Ambizione equilibrata:
Deve esserci un equilibrio nelle ambizioni. *Se uno di voi vuole una vita tranquilla e l'altro mira a dominare il mondo, ci sarà inevitabilmente un conflitto.*

19) Attitudine verso le relazioni:
Avere un atteggiamento sano verso le relazioni è fondamentale. *Un partner che ha difficoltà a costruire legami stabili potrebbe non essere la persona giusta per una relazione a lungo termine.*

20) Apertura mentale:
La flessibilità e l'apertura a nuove idee sono vitali. *Un partner troppo rigido soffocherà la crescita della coppia.*

21) Fedeltà:
La lealtà è una pietra angolare in una relazione amorosa. *Senza fedeltà, non può esserci fiducia.*

22) Attrazione sessuale reciproca:
L'attrazione fisica è parte integrante di una relazione amorosa. *Deve esserci una scintilla reciproca che alimenta la passione tra voi.*

23) Curiosità:
Una natura curiosa arricchisce la vita di coppia. *Un partner che è aperto all'avventura e alle nuove esperienze manterrà la relazione viva e interessante.*

24) Flessibilità:
Essere flessibili è fondamentale. *La vita è piena di sorprese, e un partner flessibile sa adattarsi alle situazioni impreviste.*

25) Perdono:
Nessuno è perfetto, e la capacità di perdonare è essenziale. *Un partner che serba rancore non farà altro che accumulare tensione.*

26) Capacità di godere delle piccole cose:
La vita è fatta di piccoli momenti. *Un partner che sa apprezzare la semplicità, come una passeggiata al tramonto o una cena tranquilla, porterà serenità nella tua vita.*

27) Comunicazione:
La comunicazione è la chiave di tutte le relazioni. *Un partner che sa esprimersi chiaramente, ascoltare e dialogare con te sarà in grado di costruire una connessione forte e duratura.*

LA FASE DÌ RÌCERCA

Quando sei alla ricerca di qualcosa di profondo e significativo, come la tua fiamma gemella, la missione può diventare totalizzante. **Ti immergi completamente, come quando cerchi la casa perfetta.** *Passi ore a controllare annunci, a visitare quartieri, a scrutare ogni angolo per trovare il segnale che ti porterà alla meta.* La tua mente è focalizzata su quel desiderio, e in quel momento, tutto il resto diventa secondario. Ma, **cercare la tua fiamma gemella è molto più complesso.** Non stai cercando un oggetto o una cosa fisica. **Stai cercando una parte di te stessa, una connessione spirituale che è stata separata da te per millenni.**

Questa ricerca può sembrare quasi impossibile, e per molti potrebbe sembrare una perdita di tempo. Ma fermati un attimo. **Vale la pena cercarla?** *Pensa alla possibilità di sperimentare una connessione che va oltre il mondo fisico, una scintilla che accende il fuoco della tua anima.* La fiamma gemella rappresenta **l'esperienza più intensa e appagante che potresti mai vivere,** dove ogni emozione si amplifica, dove l'anima si risveglia completamente.

Il concetto di Tempismo Divino

Prima di immergerti in questa ricerca, è essenziale comprendere **il tempismo divino,** un concetto che regola il viaggio delle fiamme gemelle. **Il tempismo divino non segue le regole del mondo fisico a cui siamo abituati.** *Nel mondo materiale, ci è stato insegnato che dobbiamo lavorare sodo, impegnarci al massimo, e solo allora otterremo ciò che vogliamo.* Ma **nel mondo spirituale, il**

controllo non è nelle nostre mani. Devi lasciare andare il bisogno di controllo e accettare che **l'universo ha i suoi tempi.**

Cambiamenti nel modo di pensare:

1. **Abbandona il tuo ego:** *L'ego ci dice che dobbiamo controllare ogni cosa, che dobbiamo piegare il mondo alla nostra volontà.* **Ma in un percorso spirituale, devi diventare parte di qualcosa di più grande.** Lascia che l'universo prenda il controllo e guida il tuo viaggio.

2. **Riconosci che non hai potere sull'universo:** *La tua forza di volontà può cambiare molte cose nel mondo fisico, ma nel mondo spirituale c'è una forza superiore che guida il viaggio.* **Il tuo cammino verso la fiamma gemella è già stato tracciato, e nessuno sforzo umano potrà cambiare questo fatto.**

3. **Rivaluta il concetto di "arrendersi": Arrendersi non significa debolezza,** *ma accettare che ci sono forze più grandi in gioco.* Apriti alla fede e alla convinzione che l'universo ha in serbo per te una vita meravigliosa, se solo abbracci questa verità.

Fin da piccoli, ci è stato insegnato il concetto di "se fai questo, allora otterrai quello". *Metti in ordine la tua stanza e potrai andare a giocare. Mangia tutte le verdure e avrai il dessert.* Questo meccanismo condizionale si riflette anche nella nostra visione della ricerca della fiamma gemella. **Spesso pensiamo che dobbiamo "aggiustarci" per essere pronti all'unione. Ma il tempismo divino non funziona così.** Non è una ricompensa per un comportamento perfetto.

Cambiamenti nel modo di pensare:

1. **Accetta la positività del tempismo divino:** *Non esiste punizione nel tempismo divino.* **Qualunque cosa accada nel tuo viaggio, sei esattamente dove dovresti essere.**

2. **Riconosci i tuoi progressi:** Anche quando il cammino sembra fermo, **stai sempre avanzando.** *Ogni passo, ogni esperienza, ti porta più vicino al tuo obiettivo spirituale.*

3. **Fidati dell'universo:** *Sappi che tutto ciò che accade è per il tuo bene, anche se in quel momento sembra difficile.* **Il mondo fisico può sembrare un ostacolo, ma sul piano spirituale sei sempre sostenuta.**

Non c'è una forza vendicativa pronta a punirti per i tuoi errori. *Se hai cresciuto l'idea che esista un potere superiore che aspetta solo di giudicarti, è tempo di lasciarla andare.* **Il tempismo divino non è una forza esterna che ti governa con rigore, ma una parte di te.** *Esiste una parte della tua anima che risiede nel regno spirituale, una parte estesa di te stessa che lavora con l'universo.*

Cambiamenti nel modo di pensare:

1. **Riconosci la tua connessione con il regno spirituale:** *Anche se una parte di te vive in questo mondo fisico, una parte più grande di te esiste nel regno spirituale.* **Questa parte della tua anima è la tua guida,** *ti sostiene e ti spinge verso la grandezza.*

2. **Affidati a questa parte estesa di te stessa:** *Quando lasci che il tuo sé spirituale prenda il controllo, le cose diventano molto più facili.* **Conosci i suggerimenti che ti arrivano dal tuo sé spirituale,** e lascia che ti guidino lungo il percorso.

Il viaggio verso la tua fiamma gemella non è un semplice cammino fisico.

È una danza tra il mondo materiale e quello spirituale, dove **il tempismo divino** gioca il ruolo principale.

Non è una questione di sforzo, ma di arrendersi all'inevitabilità del flusso dell'universo. Lascia andare il bisogno di controllo, fidati del tuo sé superiore, e sarai guidata verso la destinazione che ti è stata sempre destinata.

Come prepararti alla tua fiamma gemella

Ora che hai capito come il mondo spirituale è pronto a guidarti nella tua ricerca, è tempo di preparare anche il tuo corpo e la tua mente per questo viaggio. **Diventare la migliore versione di te stessa** significa essere pronta, sia fisicamente che mentalmente, ad affrontare le sfide emotive e interiori che l'incontro con la tua fiamma gemella può portare. Questo incontro potrebbe scuotere profondamente il tuo equilibrio, influenzando la tua salute spirituale e fisica, quindi è fondamentale che tu sia nella tua forma migliore.

Questo percorso di crescita personale non è qualcosa da vedere come un compito da portare a termine. **È un'opportunità per scoprire chi sei veramente**, dentro e fuori, e prepararti a connetterti con la parte più profonda della tua anima.

Inizia creando una routine mattutina che ti aiuti a sentirti riposata e piena di energia. **La mattina è il momento in cui la tua energia è più alta,** quindi sfrutta questo slancio naturale. Potresti cominciare con una colazione nutriente e una tisana rinfrescante, seguiti da un po' di meditazione o esercizio fisico. La mattina è anche il momento ideale per fare spazio, sia fisicamente che mentalmente. **Liberarti di qualche piccolo disordine nella tua vita, anche solo sistemando una stanza, ti farà sentire più leggera e organizzata.**

Un altro passo importante è **alimentare la tua mente**. Il mondo è saturo di informazioni, e sebbene a volte possa sembrare opprimente, se filtri con attenzione ciò che ricevi, puoi imparare qualcosa di nuovo ogni giorno. Leggi libri che stimolino la tua crescita spirituale, prova nuove esperienze, come un corso di ceramica o una lezione di lingua. *Potresti scoprire che l'universo ti sta guidando verso qualcosa di più grande, magari la lingua della tua* *fiamma gemella!* L'importante è essere aperta alle nuove possibilità e permettere alla tua mente di espandersi.

L'attività fisica gioca un ruolo cruciale nel tuo benessere. Non importa quale tipo di esercizio scegli, **l'importante è muovere il corpo.** *Una camminata di 30 minuti, una sessione di yoga o una corsa possono liberare endorfine preziose, rendendoti più energica e serena.* Oltre ai benefici fisici, ti sentirai più forte e sicura di te stessa, pronta ad affrontare le sfide con una mente chiara e un corpo in salute.

Ma non dimenticare di **parlare con il tuo sé spirituale.** Una parte di te risiede sempre nel piano spirituale, e questa parte conosce ogni cosa. Prenditi del tempo per dialogare con questa parte di te stessa. *Chiedi come sta, cosa può insegnarti.* L'universo comunica con noi in molti modi, spesso attraverso segnali e coincidenze. Se sei aperta a ricevere, noterai queste connessioni ovunque. Magari ti ritroverai a chiacchierare con qualcuno che ti parla di un'opportunità di lavoro perfetta per te, o che ti conduce in una direzione che non avevi mai considerato. **La sincronicità è il modo in cui l'universo ti guida.**

Un altro passo interessante è **scrivere una lettera alla tua fiamma gemella.** Anche se non l'hai ancora incontrata, puoi iniziare a connetterti con lei. **Scrivere ti aiuta a mettere a fuoco ciò che desideri davvero,** a formulare le domande che faresti a questa parte di te. *Quali sono i tuoi sogni? Quali sono le tue paure? Cosa desideri dal futuro?* In questo modo, prepari la tua anima per l'incontro, creando una connessione profonda ancora prima di incontrarla fisicamente.

Il perdono di te stessa è forse uno degli atti più potenti che puoi compiere. Guardare indietro al passato può essere doloroso, ma **è essenziale lasciare andare** gli errori che hai commesso. Forse hai perso un'opportunità lavorativa, o hai fatto scelte finanziarie sbagliate. Forse hai ferito qualcuno o ti sei persa in una relazione che non ti faceva bene. **Perdonati per tutte queste cose,** perché sono parte della tua evoluzione. Ogni errore ti ha insegnato qualcosa e ti ha condotto qui, a questo punto del tuo cammino.

Eliminare gli elementi tossici dalla tua vita è l'ultimo passo, ma non meno importante. **Le persone e le abitudini tossiche ti bloccano, ti appesantiscono.** *Hai qualcuno nella tua vita che cerca di controllarti, che ti dice come vivere? O magari c'è chi sembra trovare sempre un lato negativo in ogni cosa.* Queste persone drenano la tua energia e ti impediscono di crescere. **È il momento di lasciare andare chi non ti sostiene,** chi cerca di abbatterti o chi compete con te in modo dannoso. *Hai bisogno di circondarti di persone che ti elevano, che ti spingono a essere la migliore versione di te stessa.*

Prepararti a incontrare la tua fiamma gemella non significa solo aspettare che arrivi. **Significa crescere, evolvere e diventare la persona che sei destinata a essere.** Solo allora sarai davvero pronta per la connessione più profonda e potente che la tua anima possa sperimentare.

IL RISVEGLIO

La fase successiva del viaggio verso la fiamma gemella è quella del risveglio, conosciuta anche come il desiderio. **È un momento carico di emozioni, in cui inizi a percepire un vuoto profondo, quasi tangibile, come se una parte di te fosse lontana, separata.** Questo accade perché il legame con la tua fiamma gemella è unico: due metà di un'unica anima che percorrono strade diverse, ma destinate a incontrarsi.Tuttavia, i vostri tempi possono essere diversi. **Mentre tu sei pronta, hai già intrapreso il cammino della crescita spirituale e senti il richiamo della tua fiamma, lei potrebbe non essere ancora consapevole del bisogno di iniziare questo viaggio.** Potrebbe essere ancora immersa nelle sue sfide, nelle sue lezioni di vita, ignara della connessione spirituale che l'attende.

In questa fase, il desiderio si fa sentire. **Avverti un bisogno irrisolto, una mancanza che sembra intessuta nella tua anima.** È come se sapessi che c'è una parte di te che manca, un pezzo di un puzzle che non riesci a trovare. *E così, ti ritrovi a cercare, a esplorare nuovi modi per riempire questo vuoto, provando a colmare quella mancanza spirituale con esperienze, persone o nuovi interessi.*Ma la verità è che nessuna di queste cose può veramente colmare quel vuoto. **Quella parte mancante è la tua fiamma gemella.** Nonostante le ricerche esterne, il desiderio rimane, profondo e pulsante. *È come un sussurro costante che ti ricorda che c'è qualcosa di più grande, una connessione che va oltre il tangibile.*

In questo periodo, potresti sentirti divisa tra la realtà e il richiamo spirituale. *La tua vita quotidiana continua, ma sotto la superficie senti sempre quella tensione sottile, quella corrente invisibile che ti spinge verso qualcosa di più grande.* Questo è il desiderio della tua anima che ti sta chiamando a risvegliare la tua vera essenza, a prepararti per il momento in cui le vostre due anime si incontreranno e si riconosceranno.

Non è una fase semplice, ma è cruciale. **È qui che inizi a comprendere profondamente chi sei, cosa desideri veramente e quali parti di te devono ancora crescere.** *Questa consapevolezza è il terreno fertile su cui la tua connessione con la tua fiamma gemella fiorirà.*

L'attesa può sembrare lunga e difficile, ma è in questo periodo che ti prepari davvero a ricevere quell'amore così intenso e trasformativo. **Il desiderio ti insegna a fidarti del tempo dell'universo, a lasciar andare l'ansia di controllare tutto e a fluire con il viaggio spirituale che è stato scritto per te.**

Usi le relazioni per riempire il tuo vuoto spirituale?

A volte crediamo che più esperienza accumuliamo nelle relazioni amorose, più saremo pronti per quella connessione speciale. Ma la verità è che nulla, nessuna storia precedente, può davvero prepararti alla **valanga di emozioni** che ti travolgerà quando incontrerai la tua fiamma gemella.

Immergersi in relazioni che non ti arricchiscono può anzi farti sentire meno pronta. **Sei pronta a vivere l'amore incondizionato solo quando ti liberi dal peso delle relazioni passate.** Questo richiede un cuore aperto e uno spirito leggero. E non è facile se sei ancora bloccata nelle dinamiche tossiche o nel dolore di un amore ormai finito. È nella natura umana cercare compagnia e conforto, ma a volte rischiamo di rimanere incastrati nell'idea di "dover essere in una relazione", piuttosto che permettere all'amore vero di sbocciare naturalmente.

Forse ti trovi a riempire un vuoto spirituale cercando costantemente una relazione. Ti capita di sentirti inquieta o insoddisfatta quando sei sola? Questo è un segnale che potresti star cercando nell'amore esterno ciò che invece dovresti trovare dentro di te.

Se ti senti infelice quando sei single, è probabile che tu stia cercando di riempire un vuoto spirituale con una relazione. **La felicità non dovrebbe mai dipendere dalla presenza di qualcun altro nella tua vita.** Sei una persona completa, e la tua realizzazione non arriva da un partner, ma da te stessa. *Viaggia, esplora da sola luoghi che hai sempre desiderato vedere, goditi la libertà di creare le tue avventure.* Scopri la bellezza della tua compagnia e impara ad abbracciare il silenzio che solo tu puoi offrire a te stessa.

Quando il tuo umore oscilla a seconda dello stato d'animo del tuo partner, stai permettendo che qualcun altro abbia il controllo su di te. **L'amore vero è empatia, non dipendenza emotiva.** Se ti senti responsabile della felicità del tuo partner o non riesci a essere serena quando lui è giù, devi chiederti se la tua gioia viene davvero dall'interno o se è condizionata dall'esterno. *Essere felice per te stessa, anche quando il tuo partner non lo è, è un segno di indipendenza spirituale.*

E se l'ansia ti consuma ogni volta che siete separati? Questo è un segnale importante. **L'indipendenza è essenziale in ogni relazione sana.** *Ogni coppia ha bisogno di spazi separati, di momenti per sé.* Se l'assenza del tuo partner ti lascia inquieta o vuota, allora c'è un lavoro spirituale da fare su te stessa. Non devi riempire la tua vita solo attraverso l'altro; devi nutrire la tua stessa anima, godere della tua compagnia.

Se hai bisogno di costante convalida dal tuo partner, allora potresti cercare di colmare un vuoto di autostima. **Il tuo valore non dipende da ciò che gli altri vedono in te, ma da ciò che tu stessa sai di essere.** *Non hai bisogno di complimenti continui per sapere quanto sei meravigliosa. Devi sentirlo nel profondo, riconoscere il tuo valore.*

Quando una relazione finisce, è naturale provare tristezza. Ma **la fine di una relazione non significa la fine del tuo mondo.** *Se hai mai sentito che tutto è crollato quando una storia d'amore è terminata, allora è il momento di riprendere in mano te stessa.* Non cercare un nuovo amore per tappare le ferite, ma concentrati sulla tua guarigione spirituale. **Innamorati di nuovo di te stessa.** Ritrova il tuo equilibrio e la tua forza interiore. La vera completezza arriva quando capisci che sei intera già da sola. E quando sarai pronta, l'amore che cerchi arriverà, non per riempire un vuoto, ma per aggiungere luce alla tua vita.

Il risveglio della fiamma gemella

Una delle parti più frustranti nel viaggio verso la tua fiamma gemella è l'attesa. Non sempre entrambe le metà si risvegliano allo stesso tempo, e questo può farti sentire sospesa, come se una parte fondamentale di te fosse ancora in letargo. Potresti aver lavorato a lungo sulla tua crescita spirituale, sentendoti pronta per quell'incontro magico, mentre il tuo gemello potrebbe essere ancora perso nelle dinamiche terrene. **Tu, risvegliata, senti già la connessione, ma il tuo gemello potrebbe essere ancora addormentato.**

Inizia a sorgere una sensazione di vuoto, di desiderio. Sai che ti manca qualcosa, o meglio, qualcuno. E questo ti fa sentire sospesa tra due mondi: quello materiale e quello spirituale. **È come se una parte della tua anima fosse a metà, mancante, e tu cerchi di riempire questo vuoto in modi diversi.**

Ma, mentre il tempo passa, potresti iniziare a percepire la presenza della tua fiamma gemella anche senza un contatto fisico. È qui che si crea una sorta di **bolla d'amore**, una dimensione in cui le vostre anime possono parlarsi, riconoscersi, anche prima di incontrarsi nella vita reale. In questa bolla, puoi percepire le sue emozioni, i suoi pensieri, e spesso ti sorprendi di quanto intensamente questa connessione si manifesti.

Questo stato di connessione può portare a strani fenomeni. Potresti trovarti a dire o pensare cose che non diresti mai di persona, parole che sembrano dure o inaspettate. **Eppure, queste interazioni non sono casuali. Sono parte del processo in cui il tuo Sé superiore cerca di scuotere il tuo gemello, spingendolo verso il risveglio.**

La frustrazione è normale. Ti chiedi perché tu senti così intensamente questa connessione e lui no. Ma devi ricordare che

i tempi dell'universo non sono i nostri. La fiamma gemella con l'energia femminile tende spesso a risvegliarsi per prima, mentre l'energia maschile può richiedere più tempo. E così, mentre tu sei in sintonia con la tua missione spirituale, lui potrebbe ancora navigare nelle acque turbolente della vita quotidiana.

Quando l'unione è vicina, l'universo inizia a inviarti segnali. Forse noti una calma interiore che prima non c'era. **Non senti più il desiderio compulsivo di cercare qualcosa, perché ora sai che sei completa.** La tua anima risplende di luce interiore, la tua energia cambia, e ti ritrovi ad affrontare la vita con una serenità nuova, come se ogni cosa fosse al suo posto.

Potresti anche iniziare a vedere cambiamenti tangibili nella tua vita. C'è chi sente un richiamo a cambiare casa, città o addirittura Paese. **È l'universo che ti guida verso il tuo gemello.** Un impulso irrazionale, ma profondamente radicato, ti spinge a muoverti, a seguire un percorso che solo la tua anima può comprendere.

Oppure, potresti sentire un brivido costante, una sorta di elettricità nell'aria. È l'attesa, un senso di eccitazione che non riesci a spiegare. **Ogni giorno ti svegli con quella sensazione di qualcosa di straordinario che sta per accadere.** È come la vigilia di Natale, quella trepidazione che senti senza sapere esattamente cosa ti aspetta.

A volte, invece, l'universo ti regala stabilità. Tutto nella tua vita sembra improvvisamente in perfetto equilibrio: lavoro, relazioni, finanze. **Quando la tua vita raggiunge questo picco di armonia, è segno che sei pronta per l'incontro con la tua fiamma gemella.** È come se l'universo ti stesse preparando, mettendo ogni tassello al suo posto per permetterti di ricevere l'altra metà di te.

Alcuni, paradossalmente, smettono di desiderare quell'incontro. **Ti senti così completa e in pace con te stessa che la fiamma gemella diventa un di più.** Non hai bisogno di qualcuno per sentirti intera. Eppure, è proprio in questo stato di completezza che sei più vicina che mai all'unione.

Quando l'incontro si avvicina, ti senti più creativa, ispirata. **L'energia dell'universo ti attraversa, ti spinge a creare, a scrivere, a dedicarti a nuovi progetti.** Questo flusso creativo ti connette ancora di più alla tua umanità e apre i canali spirituali per ricevere i messaggi divini.

E poi arrivano i sogni. Sogni vividi, reali, in cui incontri la tua fiamma gemella. **Forse non la riconosci fisicamente, ma c'è qualcosa in quei sogni che ti dice che è lui.** Le parole che vi scambiate, gli abbracci, il senso di familiarità... tutto è un segnale che l'unione è imminente. *Forse ti dice "sto venendo a cercarti" o "confida nell'universo".*

Tieni traccia di questi sogni. **Sono frammenti di un puzzle che si comporrà una volta che vi incontrerete nella realtà.** E quando finalmente accadrà, ti accorgerai che, in qualche modo, lo sapevi già. I tuoi sogni ti hanno preparata, il tuo cuore è pronto, e il viaggio che sembrava infinito trova la sua conclusione nel più dolce degli inizi.

LA FASE DI MATURAZIONE

Tutti i segnali erano lì. Sentivi quel brivido sottile che ti attraversava, quella luce interiore che sembrava brillare più forte ogni giorno. E ora, eccolo. La tua fiamma gemella è entrata nella tua vita. **La parte mancante del tuo essere, l'altra metà della tua anima, ora è qui.** Per così tanto tempo hai immaginato questo momento, eppure, ora che è reale, ti sembra quasi impossibile crederci.

È come se il tempo avesse giocato con te, creando una distanza infinita tra voi due, per poi dissolverla in un istante. Ora ti chiedi: "**E adesso?**"

Adesso inizia il vero viaggio. Non si tratta solo di riconoscere l'altro, di guardarsi negli occhi e vedere riflesso tutto ciò che sei. **Si tratta di affrontare l'ondata di emozioni che ti travolge, un turbinio di sensazioni intense e a volte spaventose.** Non hai mai provato nulla di simile. La connessione che hai sempre sentito a livello spirituale ora si manifesta fisicamente, e l'intensità può lasciarti senza fiato.

La tua fiamma gemella ti porterà a confrontarti con parti di te stessa che forse non hai mai voluto affrontare. **L'amore che senti è profondo, ma non è solo dolcezza.** Ci saranno momenti in cui ti sembrerà di guardarti allo specchio e vedere le tue paure, le tue insicurezze rifletersi nei suoi occhi. *Ogni emozione, anche quelle più scomode, devono essere abbracciate.* Non puoi fuggire da ciò che senti, perché è parte del tuo percorso.

Ma questo è solo l'inizio. L'incontro con la tua fiamma gemella è destinato a trasformare ogni aspetto della tua vita. **Non sarai più la stessa, perché insieme state per iniziare una missione.** È un viaggio che non riguarda solo voi due, ma l'elevazione della vostra anima e di tutto ciò che vi circonda. Questa unione non è solo un'esperienza romantica, è un invito a crescere spiritualmente, a realizzare il vostro scopo più alto.

Sentirai un cambiamento dentro di te, una spinta a essere una versione migliore di te stessa. **La tua fiamma gemella ti farà crescere, non solo come partner, ma come individuo.** Ti guiderà verso una nuova comprensione di te stessa, e il mondo che conoscevi fino a quel momento sembrerà più grande, più luminoso. Ogni momento passato con lui o lei sarà un passo verso una maggiore consapevolezza, ma anche verso nuove sfide.

Le emozioni intense che provi – amore, paura, gioia, incertezza – sono tutte parti di questo processo. **Non fuggire da queste sensazioni, abbracciale.** *Ogni emozione ha uno scopo, ogni sensazione è una chiave per il tuo risveglio.* Potrebbe sembrare spaventoso, ma è anche l'esperienza più trasformativa che tu possa vivere.

Ora che la tua fiamma gemella è qui, la tua vita non sarà più la stessa. **È il momento di lasciar andare ogni paura, di accogliere il cambiamento e di permettere alla tua anima di evolversi.** Il viaggio è appena iniziato, e il destino che vi attende è uno di crescita, scoperta e amore incondizionato.

Quando incontri per la prima volta una fiamma gemella

I segni dell'incontro con la tua fiamma gemella sono potenti, qualcosa che non può passare inosservato. **È come se l'universo ti parlasse attraverso quella connessione,** facendoti sentire una presenza familiare che riconosci a un livello profondo, come se l'avessi già incontrata nei tuoi sogni, nei tuoi pensieri più intimi. Non sempre sarà un legame romantico; la tua fiamma gemella potrebbe apparire come un amico, un mentore, qualcuno che condivide le tue stesse battaglie, le stesse forze. **Ma l'intensità della connessione sarà inconfondibile.** Uno sguardo basterà per far emergere emozioni così potenti da lasciarti senza parole.

Ti sentirai come se fossi stata riunita per uno scopo più grande, una missione comune che va oltre il semplice rapporto umano. Questo può essere travolgente. La profondità dell'amore, la forza delle emozioni che provi, è qualcosa di nuovo e destabilizzante. **Come si può gestire una tale intensità e, allo stesso tempo, rimanere produttivi, mantenendo un equilibrio nella propria vita?** Nei primi momenti di questa unione, non è raro che si crei una certa dose di caos. La connessione spirituale così forte tra voi due può portare a momenti di confusione, anche dramma, perché è difficile capire come integrare tutto questo nella vita di ogni giorno.

Le fiamme gemelle sono legate su un piano superiore, ma devono imparare a vivere su questa terra. Questo significa che, per quanto possiate desiderare che tutto scorra in modo naturale, sarà necessario trovare un equilibrio e adattare il vostro legame a una realtà più concreta. Le relazioni terrene hanno bisogno di struttura, e anche se la vostra unione sembra trascendere ogni convenzione, sarà fondamentale capire come gestirla nel mondo reale. Il vostro amore, per quanto elevato, richiede di essere radicato, di trovare un posto nella vostra vita quotidiana.

Parte della sfida sarà quella di riconoscere come la vostra connessione differisca dalle relazioni "normali". La relazione tra fiamme gemelle ha diversi elementi che richiedono equilibrio, cura e consapevolezza.

Uno dei primi aspetti da comprendere è **la connessione emotiva che si crea tra di voi.** Quando le fiamme gemelle si incontrano, qualcosa dentro di te si apre, come se il centro del tuo cuore fosse spalancato e potessi amare in modo più intenso e profondo di quanto avessi mai immaginato. Pensa a come una madre sincronizza il suo respiro e le sue emozioni con il battito del suo neonato. C'è uno scambio d'energia tra i due, un flusso che permette alla madre di percepire i bisogni del bambino, sentire ciò che prova.

Con la tua fiamma gemella, il legame è altrettanto profondo. Tu e la tua fiamma gemella risvegliate l'uno nell'altro parti nascoste, ferite del passato, desideri mai espressi. **È come se illuminasse la tua ombra, quella parte di te che hai sempre tenuto nascosta.** E proprio grazie a questo legame, hai la possibilità di esplorare e guarire quegli aspetti di te che hanno bisogno di essere liberati.

Questa unione non è solo fatta di passione, ma anche di guarigione. **Insieme, lavorerete per curare le ferite dell'anima,** dandovi sostegno, comprensione, il coraggio di aprire il cuore ancora di più. *È una danza di amore e vulnerabilità,* una collaborazione spirituale che vi trasforma in esseri più completi.

Come rinforzare la connessione mentale

Il legame tra te e la tua fiamma gemella è già forte, ma spesso l'intensità di questo legame può portare paure e ansie. Ti ritrovi a pensare continuamente a cosa potrebbe andare storto, tanto che rischi di perdere di vista le opportunità di crescita e positività che la vostra connessione porta con sé. **L'incontro con la tua fiamma gemella risveglia emozioni che non hai mai provato prima**, e questo può essere travolgente. Ma come si può rafforzare questo legame senza farsi schiacciare dalle emozioni?

Proprio come in una relazione tradizionale, il periodo iniziale della vostra unione è un tempo prezioso. È un momento per scoprirvi l'un l'altra, per esplorare non solo il legame spirituale che vi unisce, ma anche gli aspetti più pratici e terreni della vostra vita insieme. **Devi conoscere il tuo partner in ogni dettaglio, nei loro desideri più profondi, nei sogni e nelle passioni che li definiscono.** Non basta sapere che siete destinati a grandi cose; è importante scoprire cosa amano, cosa li fa sentire vivi. Chiedi loro quali sono stati i momenti più gioiosi della loro vita, prima che vi incontraste. Quali sono i libri che li hanno ispirati? Quali luoghi amano visitare? Sono piccoli dettagli, ma costruiscono un'intimità profonda.

Un altro aspetto cruciale è **costruire la fiducia.** Anche se la vostra connessione è spiritualmente intensa, la fiducia non è data per scontata. Devi essere trasparente con la tua fiamma gemella, soprattutto quando i tuoi sentimenti sono confusi o difficili da spiegare.

Ci saranno momenti in cui ti sentirai in subbuglio proprio a causa loro. **Ma è in questi momenti che la comunicazione diventa la chiave.** Non nascondere ciò che senti; apriti, permetti alla vulnerabilità di essere parte della vostra relazione.

Anche le fiamme gemelle litigano. L'intensità della vostra connessione può portare a conflitti, e spesso le discussioni possono sembrare più intense di quelle che avresti in una relazione normale. Le emozioni si amplificano, e puoi sentire il bisogno di far valere la tua posizione. Ma ricordati, ogni parola che dici ha un peso. **Evita gli attacchi personali, evita di ferire chi ami più di ogni altra cosa.** Quando litighi, fallo con rispetto, sapendo che entrambi portate con voi ferite profonde e parti di voi che l'altro può facilmente colpire.

Prima di tutto, chiediti sempre: "Perché stiamo litigando?"

Spesso i disaccordi nascono da piccoli malintesi, ma nascondono questioni più profonde. Non lasciarti trascinare da problemi insignificanti, ma affronta le vere radici del conflitto. Quando senti che le emozioni diventano troppo forti, non esitare a fare una pausa.

Allontanati per un momento, respira e lascia che le emozioni si calmino. Torna alla conversazione quando ti senti più tranquilla, così che entrambi possiate parlare con chiarezza.

Rispettare i limiti dell'altro è fondamentale. Non usare mai parole che sai lasceranno cicatrici, anche se in quel momento potresti sentirti ferita o arrabbiata. **La tua fiamma gemella ti conosce meglio di chiunque altro, e anche tu conosci i suoi punti più vulnerabili.** Evita di colpire dove fa più male, perché anche se potresti vincere una battaglia momentanea, il danno alla vostra connessione potrebbe essere duraturo.

Alla fine di ogni discussione, **trova sempre un modo per riconciliarti.**

Questo è il momento in cui estendi il ramo d'ulivo, fai una battuta, tendi la mano. Anche nei conflitti più accesi, c'è sempre spazio per la riconciliazione. **Tornare alla vicinanza che vi unisce è essenziale,** perché non è solo il legame spirituale a rendervi forti, ma anche la capacità di superare insieme le tempeste.

Ricorda, la tua fiamma gemella è qui per aiutarti a crescere, per portare alla luce ciò che di più profondo si nasconde dentro di te.

Insieme, potete esplorare le parti di voi stesse che avete sempre tenuto nascoste, e attraverso questo viaggio troverete una comprensione reciproca che va oltre ogni relazione ordinaria.

Come inforzare il legame fisico

Quando incontri la tua fiamma gemella, qualcosa dentro di te cambia profondamente, in modi che non avevi mai immaginato. **La tua anima si risveglia e si connette a una forza potente**, nota come Kundalini, che trasforma non solo il tuo spirito, ma anche il tuo corpo. Questo incontro sprigiona un'energia che ti pervade, un flusso intenso che ti fa sentire vivo come mai prima d'ora. All'improvviso, potresti sentirti invaso da un impulso irresistibile di abbracciare la vita, di condividere il tuo amore con chi ti circonda. Ogni cosa sembra più luminosa, più intensa, e il tuo cuore è traboccante di emozioni.

Ma questo risveglio porta con sé anche sintomi fisici che possono disorientarti. L'energia Kundalini, infatti, è un flusso di pura potenza che smuove ogni parte di te, e talvolta il suo effetto è così forte da causare confusione. **Non è una questione di energia "buona" o "cattiva", ma semplicemente di forza che si libera e attraversa il tuo essere.**

Potresti iniziare a provare una connessione profonda con il mondo e sentire che i confini del tuo ego si dissolvono. **Ti senti parte di qualcosa di più grande, immersa in una profonda pace e un amore sconfinato.** Le piccole gioie della vita – come sentire il sole sulla pelle o ascoltare il fruscio del vento tra gli alberi – diventano improvvisamente incredibili, donandoti un piacere che va oltre le parole. **La tua anima si apre e tutto sembra allinearsi perfettamente con il tuo cammino.** Questo è il risveglio della luce.

Dall'altro lato, l'energia può portare con sé anche sensazioni oscure, come se stessi attraversando una tempesta interiore. Potresti sentire il bisogno di isolarti dal rumore del mondo esterno, perché i suoni sembrano troppo forti, le luci troppo brillanti. **Il tuo corpo vibra di una nuova energia, e talvolta il suo rilascio può sembrare violento, come se fossi in preda a un tremore che non riesci a controllare.** Durante il sonno, il riposo può essere disturbato, e potresti sperimentare allucinazioni che ti fanno dubitare di cosa sia reale e cosa no. **La tua mente cerca di adattarsi a questo nuovo livello di consapevolezza, ma il percorso non è sempre lineare.**

È naturale provare smarrimento o paura di fronte a queste sensazioni, ma ricorda che non sei sola. **La tua fiamma gemella sta vivendo lo stesso processo** e insieme potete sostenervi. C'è chi riferisce di essere stato immediatamente attratto sessualmente dalla propria fiamma gemella, mentre altri parlano di una perdita di interesse verso l'intimità fisica. Questo può dipendere dal tipo di relazione che siete destinati ad avere. **Non tutte le fiamme gemelle sono destinate a un'unione romantica; alcune sono qui per guidarti spiritualmente o per aiutarti a crescere in modi che non avevi previsto.**

Potresti vivere sintomi più rari, come sentirti completamente esausta senza un motivo apparente, come se il tuo corpo avesse bisogno di tempo per adattarsi a questa nuova energia. **Sogni di serpenti, simboli della Kundalini che si risveglia dentro di te, possono visitarti durante la notte,** e con essi potresti avvertire una sorta di rinascita spirituale, che ti lascia fragile, come un neonato.

L'energia che attraversa il tuo corpo e la tua mente può anche causare voglie improvvise, come quelle di una donna incinta, o intensi orgasmi senza alcun contatto fisico. Il tuo corpo è un canale per questa potente forza, e potresti avvertire cambiamenti fisici come mal di testa, nausea, o problemi digestivi. **Ma questi sono semplicemente segnali del tuo risveglio spirituale.**

Il momento del rilascio dell'energia Kundalini può essere straordinario, a patto che tu sia preparata. **Prenditi cura del tuo** corpo, calma il tuo sistema nervoso e sii compassionevole con te stessa. Ora è il momento di sostenervi a vicenda, tu e la tua fiamma gemella, mentre attraversate insieme questa tempesta di nuove sensazioni. **Questo è un periodo di trasformazione profonda**, e anche se può sembrare travolgente, ricorda che siete in questa fase per crescere insieme, scoprendo nuove parti di voi stessi e del vostro legame.

Come immergerti al massimo durante la maturazione la luna di miele

Essere fiamme gemelle non vi esenta dalle dinamiche comuni di una relazione, anche nei momenti più romantici come una "luna di miele". Potreste essere amanti che partono per un viaggio insieme o due anime affini che si concedono una pausa dal caos quotidiano. **Concedervi del tempo lontano dalle preoccupazioni della vita di tutti i giorni vi permette di respirare, di ritrovare l'equilibrio e di connettervi in modo più profondo.**Un viaggio insieme non deve necessariamente essere lussuoso o lontano. **Potete creare momenti magici ovunque, anche nel comfort di casa vostra.** Condividete ciò che amate: un film speciale, una pizza appena sfornata, un calice di vino... Sono gesti semplici, ma pieni di significato quando li vivi con la tua fiamma gemella. **L'intensità del vostro legame rende ogni piccola esperienza un'opportunità per avvicinarvi ancora di più.**

Se avete la possibilità di viaggiare, il mondo offre luoghi incredibili dove potete esplorare insieme non solo nuove terre, ma anche nuove parti di voi stessi. **Un viaggio in un luogo spirituale potrebbe amplificare la vostra connessione, facendo emergere energie antiche e profonde,** come se il mondo intorno a voi fosse uno specchio del vostro viaggio interiore.Ma non è necessario andare lontano per ritrovare la pace. A volte, una semplice fuga nella natura, magari un fine settimana in campeggio, basta per riconnettervi. Lontano dalle luci della città e dal rumore della vita moderna, potete ascoltare il battito dei vostri cuori che si sincronizzano al ritmo della terra. **Ogni respiro diventa più profondo, ogni sguardo più significativo.Il segreto è nella qualità del tempo che trascorrete insieme, non nel luogo.** Anche nei momenti più ordinari, la vostra energia si alimenta a vicenda. **Basta essere presenti l'uno per l'altro, lasciando che il mondo esterno svanisca per qualche istante, e vi renderete conto che la vera magia è nella vostra connessione.**

Che si tratti di una spiaggia lontana o del vostro salotto, **ogni momento condiviso con la vostra fiamma gemella diventa un'esperienza di crescita spirituale e di amore puro.**

LA PROVA – LA CRISI

Quando inizia la fase di verifica in una relazione tra fiamme gemelle? Non esiste una risposta unica, perché tutto dipende dall'intensità del legame e dal livello di interazione che avete. Se vivete con la vostra fiamma gemella, potresti accorgerti di entrare in questa fase molto presto, quando le emozioni iniziano a scontrarsi. Al contrario, se la vostra connessione è meno costante, come ad esempio se la vedi solo in ambito lavorativo o sociale, potrebbero passare anni prima che la fase di verifica si manifesti.

Ma quando arriva, te ne accorgi. **Iniziano a emergere cambiamenti sottili nella dinamica, specialmente dopo il primo vero conflitto.** Anche nelle relazioni più sane, i disaccordi sono inevitabili, ma quando si parla di fiamme gemelle, la turbolenza è di un'altra natura.

Il loro legame non è radicato solo nella realtà tridimensionale, ma è elevato a un piano più alto, dove ogni emozione è amplificata, ogni contrasto è più profondo.

Un semplice disaccordo può sembrare una tempesta emotiva, non perché la relazione sia debole, ma perché tutto ciò che sentite è più intenso. **Ogni parola, ogni gesto, si carica di una profondità che va oltre il semplice qui e ora.** È come se le vostre anime stessero cercando di comunicare qualcosa di più grande, di più antico.
E questa intensità può far paura. Ti puoi sentire sopraffatta,

chiedendoti perché le emozioni siano così forti, quasi incontrollabili. Ma la verità è che le fiamme gemelle sono destinate a vivere tutto in modo amplificato: l'amore, la gioia, la paura, il dolore. **Ogni esperienza diventa un'occasione per crescere, per affrontare le parti di te stessa che hai evitato, per guardare dentro di te con occhi nuovi.**

In questo viaggio, la fase di verifica non è solo un momento di difficoltà. È un'opportunità per rafforzare il legame, per imparare a navigare attraverso le emozioni più profonde e per scoprire come affrontare le sfide insieme, come una squadra.

La connessione tra fiamme gemelle non si basa solo sull'attrazione o sull'affinità, ma sulla trasformazione reciproca. E questa trasformazione non avviene senza qualche scossa lungo la strada.

Quando affronti queste tempeste, ricorda che sono parte del processo, non una fine. Sono il segno che la vostra relazione sta evolvendo, crescendo e spingendovi a diventare versioni migliori di voi stessi, più in sintonia con la vostra anima e con quella del vostro gemello.

Le cause della fase di crisi

Quando i dubbi iniziano a insinuarsi nella tua relazione con la tua fiamma gemella, è facile che si aprano le porte a emozioni negative. All'inizio, tutto sembra perfetto, vivi il "periodo della luna di miele", e credi che nulla possa scalfire il legame speciale che avete. **Ogni giorno scopri nuove somiglianze, dettagli che vi fanno sentire invincibili insieme.** Ma poi, inevitabilmente, arriva il momento in cui qualcosa va storto.

Perché accade un allontanamento tra due anime che sembrano così profondamente legate?

Pensa a come ti sentivi prima di incontrare la tua fiamma gemella. **Eri completamente a tuo agio con ogni aspetto di te stessa?** Probabilmente no.

Molti di noi lottano con l'autostima, con l'accettazione di sé, e quando incontriamo la nostra immagine speculare, queste insicurezze non scompaiono, anzi, emergono con forza. È qui che sorgono i conflitti, non perché non siete fatti l'uno per l'altro, ma perché la vostra fiamma gemella ti riflette, mette in evidenza tutto quello che ancora non accetti di te stessa.

È molto più facile amare qualcuno di diverso da noi, perché quell'altra persona non ci costringe a confrontarci con le parti di noi che preferiremmo evitare. Ma amare qualcuno che è il tuo specchio richiede di affrontare ogni parte di te, anche quelle che hai cercato di nascondere.

In una relazione intima con la tua fiamma gemella, l'intimità fisica può scatenare vecchie ferite e traumi, portando tensioni e agitazioni emotive. **Il sesso, in questo contesto, diventa un campo di battaglia emotivo dove antichi dolori possono riaffiorare.** Ti chiedi se sarai in grado di superare tutto quel bagaglio emotivo che entrambi portate nella relazione, e il rischio è che queste ferite non guarite possano trasformarsi nel fulcro del vostro legame.

Perché il dramma crea dipendenza?

Quando il corpo sperimenta tensioni emotive intense, il cervello rilascia sostanze chimiche simili a quelle degli oppiacei. **Questo rende il dramma quasi irresistibile, una dipendenza emozionale che ti trascina sempre più in profondità.**

Più intensi sono i conflitti, più il corpo ne desidera, e puoi trovarti a cercare inconsciamente situazioni che alimentano questa tensione, perché è lì che senti l'energia della relazione.

Nel caso delle fiamme gemelle, tutto questo è amplificato. **Se uno di voi è incline a cercare il dramma, è probabile che anche l'altro ne venga trascinato, perché le vostre anime sono connesse.** Potreste rivivere vecchie ferite, riaprendo cicatrici mai completamente guarite, e perdere di vista la bellezza del vostro legame.

Riconoscere i segnali di questa spirale è fondamentale per interromperla. Potresti ritrovarti a parlare continuamente della tua relazione con chiunque ti ascolti, cercando conferme o risposte.

Oppure, nella tua mente, ripercorri ogni conflitto, ogni parola detta, lasciando che il dolore e la frustrazione prendano il controllo. **Ti ritrovi a mettere in dubbio ogni cosa, senza trovare pace né dentro di te né nella relazione.**

Un altro segnale è la sensazione di aver perso la tua identità. **Non ti vedi più come un individuo, ma solo come parte di una coppia, come se tu fossi diventata un'estensione della tua fiamma gemella.** La tua individualità, la tua essenza, sembra essersi dissolta nell'unione.

Se ti ritrovi a giustificare le difficoltà della relazione confrontandole con storie di altre fiamme gemelle travagliate, potrebbe essere un campanello d'allarme. **Non dovresti cercare conforto nel dramma altrui, ma trovare il modo di trasformare il tuo percorso in qualcosa di positivo e arricchente.**

E se noti che ti rivolgi costantemente a esperti spirituali o tarocchi per capire la tua relazione, forse è il momento di fermarti e riflettere. La chiave della tua relazione è dentro di te, non fuori.

Infine, se i tuoi amici e familiari sembrano stanchi di sentirti parlare della tua relazione e noti che altre passioni nella tua vita sono scomparse, allora è il momento di riprendere il controllo.

Non lasciare che la tua connessione con la tua fiamma gemella diventi l'unica cosa che definisce chi sei.

Come uscire dal circolo di crisi

Quando senti che il circolo vizioso della tua relazione con la tua fiamma gemella sta prendendo il sopravvento, il primo passo è fare un respiro profondo e allontanarti, anche solo per un attimo. **Toglierti dalla situazione immediata può darti la lucidità necessaria per riflettere.** Trovati in un luogo tranquillo, al buio, e concentrati sul ritmo del tuo respiro. In quel silenzio, ripeti a te stessa: "**È ora di cambiare, qualcosa deve mutare.**"

Quando ti trovi nel pieno di una crisi, **sei carica di un'energia oscura che sembra prendere il controllo della tua vita.** Il dramma diventa come una melodia assordante che non smette di suonare nella tua testa, seguendoti ovunque, persino nei sogni. È il momento di spezzare questo ciclo. Per farlo, devi liberare l'energia negativa accumulata e fare spazio a una nuova luce.

Uno dei modi più potenti per farlo è "tagliare il cordone." Pensa a chi, oltre al tuo gemello, influisce negativamente nella tua vita. **Immaginali legati a te da un filo sottile** e, con dolcezza, visualizza il taglio di quel cordone, lasciandoli andare con una benedizione di luce e pace. Ogni volta che vai a dormire, ripeti mentalmente questo rituale, liberandoti dalle connessioni tossiche della giornata.

Prendere carta e penna e scrivere può essere un altro strumento prezioso. **Scrivi tutte le negatività che senti attorno a te e dentro di te,** ogni pensiero che ti trattiene. **Porta alla luce quei pensieri che ti dicono di non essere abbastanza per la tua fiamma gemella.** Queste parole, una volta messe nero su bianco, perdono il loro potere, e puoi lasciarle andare, come foglie portate via dal vento.

Per ritrovare il tuo equilibrio, crea uno spazio sacro, un rifugio per la tua anima. **Questo spazio può essere fisico, come una stanza nella tua casa, o un angolo in un parco dove ti senti in pace.** Se non puoi creare uno spazio fisico, fallo nella tua mente. Chiudi gli occhi e visualizza un luogo sicuro, un giardino nascosto o un pianeta lontano dove puoi rigenerarti.

Non sottovalutare il potere del pianto. **Piangere purifica l'anima, lava via il dolore represso.** Se senti il bisogno di piangere e non riesci a lasciarti andare, guarda un film commovente, lascia che le lacrime scorrano e liberino la tua energia.

Anche un semplice bagno di sale può fare miracoli. **Il sale marino, come quello dell'Himalaya o di Epsom, ha il potere di eliminare le energie negative** dal corpo e dall'aura. Immergiti in acqua calda e lascia che il sale porti via ogni pesantezza, ogni tensione che ti trascina verso il basso.

Un altro passo fondamentale è **liberarti dagli attaccamenti esterni.** Evita di farti coinvolgere troppo nei gruppi o nei forum sulle fiamme gemelle. Certo, è utile condividere esperienze, ma a volte, senza accorgertene, potresti portare i drammi degli altri nel tuo rapporto. **La vostra connessione è unica**, e le soluzioni ai vostri problemi devono venire da voi due.

Una volta che ti sei liberata dell'energia negativa, è il momento di perdonare. **Perdonare il tuo gemello, e chiedere a lui di fare lo stesso con te, è il modo per ripartire con il cuore aperto.** Tuttavia, fallo solo quando entrambi siete pronti, quando il dolore e il dramma non sono più padroni della vostra relazione. Ricorda, il vostro legame è sacro, e ogni ferita non guarita ferisce entrambi, perché in fondo siete un'anima sola divisa in due corpi.

Infine, **sostituisci la tua dipendenza dal dramma con qualcosa di positivo**. Il dramma, anche quando è doloroso, può diventare come una vecchia abitudine difficile da abbandonare. **Trova qualcosa che riempia quel vuoto**: un nuovo hobby, l'esercizio fisico, la cucina, o semplicemente leggere un buon libro. Il segreto è sostituire l'energia negativa con qualcosa che nutra il corpo e l'anima.

Questi passi non risolveranno tutto all'istante, ma **praticandoli ogni giorno, aiuterai la tua relazione a crescere e a rafforzarsi**.

Le fiamme gemelle sono destinate a illuminarsi a vicenda, ma anche a lavorare su se stesse. Il vostro viaggio è speciale e merita di essere vissuto con consapevolezza, senza che il dramma prenda il sopravvento.

Come le relazioni non romantiche con la fiamma gemella creano conflitto

Quando ti connetti alla tua fiamma gemella, anche in un contesto non romantico, **le turbolenze sono inevitabili**. Potresti pensare che senza intimità o sesso si elimini la tensione che spesso accompagna i legami romantici, ma **la realtà è ben diversa**. La connessione tra fiamme gemelle trascende qualsiasi forma di relazione umana convenzionale. Quando incontri la tua fiamma gemella, ti trovi a vivere un'esperienza di passaggio dimensionale, in cui la tua crescita spirituale accelera, portandoti a una versione più elevata di te stessa. Questo cambiamento ti spinge a vedere il mondo da una prospettiva diversa, e all'improvviso, tutto ciò che prima ti sembrava normale può diventare estraneo.

Connettersi alla tua fiamma gemella porta inevitabilmente a un cambiamento interiore che influenzerà ogni area della tua vita. Potresti perdere amicizie di vecchia data, quelle persone che una volta erano parte integrante del tuo mondo iniziano a sembrarti lontane. Non è colpa loro, né tua, ma semplicemente le vostre energie non sono più allineate. **L'energia elevata che ora porti dentro di te può far sentire gli altri a disagio**. È come se camminassi in un'altra dimensione, e chi non ha raggiunto quel livello spirituale può sentirsi escluso, come se non appartenesse più al tuo mondo.

Anche il lavoro potrebbe sembrare meno adatto a te. **La tua anima ora desidera di più**, spingendoti fuori dalla tua zona di comfort. Quello che prima era accettabile diventa insoddisfacente. La tua fiamma gemella non è la causa diretta di questo disagio, ma il catalizzatore che ha scatenato il cambiamento dentro di te. **È come passare dalla classe economica alla prima classe, una volta provata, non vuoi più**

tornare indietro. E con questa nuova consapevolezza, la tua carriera o i tuoi obiettivi di vita potrebbero subire una svolta.

Le relazioni familiari non sono immuni a questi cambiamenti. La tua famiglia potrebbe non capire il tuo nuovo orientamento, e questo può creare conflitti. **Quando ti connetti con la tua fiamma gemella, la tua attenzione si sposta su un livello più alto**, mentre i membri della tua famiglia possono rimanere legati alle loro aspettative e bisogni quotidiani. **Il dramma familiare diventa opprimente**, e il bisogno di distanziarti per proteggere la tua energia spirituale diventa una necessità.

Man mano che la tua consapevolezza si espande, **diventi intollerante a comportamenti meschini**. I pettegolezzi, le menzogne e le dinamiche di potere che un tempo accettavi o tolleravi ora ti risultano insopportabili. **Ti rendi conto che la tua anima non può più sopportare vibrazioni così basse**, e questo potrebbe portarti a distaccarti da persone che un tempo facevano parte della tua quotidianità. La tua fiamma gemella potrebbe essere vista come la causa di questo cambiamento, ma in realtà è il tuo percorso di crescita spirituale che ti sta portando a desiderare una vita più autentica e luminosa. La tua trasformazione potrebbe riflettersi anche nelle abitudini quotidiane. **Stimolanti come alcol, caffeina o zuccheri non avranno più lo stesso effetto su di te**. Il tuo corpo e la tua mente inizieranno a rifiutare ciò che non serve più al tuo benessere. Invece di frequentare bar o locali, potresti trovarti più attratta da luoghi di arricchimento culturale o spirituale, come musei o spazi naturali, dove la tua anima può nutrirsi e rigenerarsi.

Infine, **inizierai a seguire la tua anima invece del tuo ego**. L'ego, che spesso governa le nostre decisioni e relazioni nel mondo tridimensionale, perde il suo potere quando inizi a connetterti con il piano divino. **Abbandonare il controllo dell'ego ti permette di fluire con l'universo**, seguendo un percorso che, pur non sempre compreso da chi ti circonda, è quello giusto per te. Questo può generare conflitti con coloro che non capiscono il tuo cambiamento, ma **sappi che stai seguendo una chiamata più alta.**

la relazione con la tua fiamma gemella porterà inevitabilmente turbolenze, ma è attraverso queste sfide che avviene la crescita. Alcune persone e situazioni usciranno dalla tua vita, ma faranno spazio a qualcosa di più grande e autentico. **Questo è il viaggio della fiamma gemella: trasformare, elevare e condurre verso un amore e una consapevolezza superiore.**

L'INSEGUIMENTO

In questa fase della tua relazione con la fiamma gemella, potresti sentire un'esaurimento profondo, come se tutto il turbinio emotivo e i conflitti avessero prosciugato la tua energia. Gli anni passati a sognare e desiderare "quello giusto" sembrano ora lontani, quasi irraggiungibili. **I giorni di euforia, l'attrazione travolgente e quell'amore inebriante** sembrano offuscati dalle difficoltà e dall'ansia della fase di crisi.

È qui che le vostre anime si mostrano in tutto il loro diverso grado di maturità. **Una delle due potrebbe sentirsi sopraffatta dall'intensità** del legame e desiderare di scappare, mentre l'altra, più matura o consapevole del cammino, diventa l'inseguitore. Questa dinamica tra fuga e inseguimento è tipica delle fiamme gemelle, ma **non sempre si manifesta allo stesso modo**. Le personalità, le esperienze e le circostanze della vita influiscono profondamente sulla durata e sull'intensità di questa fase.

Se ti riconosci nel ruolo di "inseguitrice", è essenziale che tu comprenda i segnali che anticipano la fuga del tuo partner. **Sentirai il distacco prima ancora che avvenga fisicamente**, nelle parole non dette, nei silenzi che pesano più delle conversazioni. La connessione profonda che avete condiviso potrebbe sembrare offuscata, quasi inaccessibile, come se all'improvviso ci fosse un velo tra di voi. Questa distanza può farti dubitare, farti sentire persa, ma ricorda: **la separazione può essere una parte necessaria del viaggio**.

Non deve esserci rabbia o risentimento in questa fase. **A volte, la pausa è l'unico modo per guarire e crescere come coppia.** La tua fiamma gemella potrebbe aver bisogno di spazio per elaborare, per ritrovare sé stessa in mezzo al caos emotivo. E tu, come insegnante e allieva di questo percorso, devi accettare il ruolo che ora ricopri. L'inseguitrice non è colei che costringe o forza, ma colei che mantiene viva la fiamma con la sua presenza amorevole, pur rispettando il bisogno di distacco dell'altro.

Non c'è errore nel separarsi momentaneamente, poiché questa pausa offre a entrambi la possibilità di crescere e riflettere. L'inseguitrice, invece di rincorrere ciecamente, può imparare a dare spazio e fiducia al processo. **La tua pazienza e la tua comprensione diventano una guida silenziosa**, un'ancora invisibile che permette alla tua fiamma gemella di trovare la sua strada, senza pressioni.

Quando l'altro si allontana, **non è la fine, ma una fase di trasformazione**.

Entrambi state imparando a bilanciare le vostre energie, a comprendere l'importanza dell'individualità anche in una connessione così sacra. Non forzare nulla, ma lasciati guidare dalla consapevolezza che, qualunque sia la distanza, l'anima si ricongiunge sempre al proprio riflesso.

Come riconoscere se la tua fiamma gemella è un corridore

In una relazione con la tua fiamma gemella, è fondamentale capire che l'obiettivo non è necessariamente un legame romantico per tutta la vita. **La connessione va oltre l'amore fisico e i desideri terreni.** Spesso, l'anima maschile può sentirsi attratta da altre esperienze, altre persone, nonostante la profondità del legame con la controparte femminile. Questo desiderio di separarsi, di esplorare, fa parte del loro processo di crescita. **Non c'è bisogno di capire razionalmente perché accada.** A volte, l'unica spiegazione è che **l'anima maschile cerca lo spazio per evolversi.**

Quando la tua fiamma gemella inizia a fuggire, non è sempre consapevole del motivo. Sente solo che allontanarsi è l'unica strada per continuare a crescere. **Il legame che provano non è meno forte del tuo, ma la loro capacità di affrontare le emozioni intense può essere più fragile.**

Tutto comincia quando tu, l'inseguitrice, inizi a dubitare del legame. **Ti domandi se questa sia davvero la relazione che vuoi**, e lentamente cominci a distanziarti. Il distacco non è sempre brusco o immediato. A volte, la separazione si manifesta in piccoli gesti, comportamenti che parlano più delle parole.

Un primo segnale potrebbe essere il "ghosting". **All'improvviso, senza spiegazioni, il tuo gemello sparisce.** Non risponde ai tuoi messaggi, non risponde alle chiamate, e tu inizi a chiederti cosa sia successo. **Potrebbe sembrare un'emergenza o una crisi improvvisa**, ma poi ti accorgi che ha tagliato tutti i ponti, bloccandoti sui social media e cambiando numero. Questo è il loro modo di evitare il confronto, di non affrontare l'intensità del legame che condividete.

In altri casi, il tuo gemello potrebbe lasciarti in sospeso, **tenendoti in bilico tra vicinanza e distanza.** Un giorno ti fa sentire al centro del suo mondo, il giorno dopo ti tratta con freddezza. È come se volesse mantenere la porta socchiusa, senza però volerla attraversare. Non si tratta sempre di una questione sessuale, ma più di una tensione emotiva: **ti confessa i suoi pensieri più intimi, per poi ritrarsi come se nulla fosse.**

Un altro segnale potrebbe essere il loro coinvolgimento con persone esterne alla vostra cerchia. **Passano sempre più tempo con altri,** preferendo la compagnia di amici o colleghi, e tu cominci a percepire una distanza che non c'era prima. Non è una questione personale, ma il loro modo di cercare una via di fuga.

Anche il livello di impegno può diminuire. **Le barriere sociali, come la differenza d'età o le relazioni esistenti, possono diventare ostacoli insormontabili** per il tuo gemello. Tu sei disposta a lottare contro queste convenzioni, ma loro potrebbero non avere la stessa convinzione. La pressione della società, la paura di abbandonare ciò che conoscono, o il semplice timore di andare contro corrente, possono spingerli a scappare.

Ma come si ripara una relazione così? Come si riaccende la fiamma quando tutto sembra essersi spento?

Il primo passo è riconoscere che entrambi avete bisogno di guarigione. Ci sono state ferite, ci sono stati momenti di incomprensione, ma questo non significa che tutto sia perduto. **Il tipo di amore che provate è intenso, quasi travolgente,** e richiede che entrambi affrontiate ciò che è rimasto irrisolto. **Sedetevi e mettete tutto sul tavolo,** senza paura. A volte, la conversazione più difficile è quella che apre la porta alla vera guarigione.

Riparare la relazione richiede sincerità, vulnerabilità e la disponibilità di entrambi a guardarsi dentro. **Solo allora, nel**

momento in cui entrambi riconoscerete le vostre paure e i vostri desideri, potrete trovare la via per tornare a brillare insieme.

Esercizio rispecchiamento emotivo

L'esercizio del rispecchiamento è uno strumento potente che ti aiuta a guardare dentro te stessa, a riconoscere le tue emozioni e a riflettere ciò che provi nella relazione con la tua fiamma gemella.

Questo non riguarda solo i problemi tra di voi, ma è un viaggio verso la comprensione più profonda di te stessa.

Per iniziare, trova un posto tranquillo dove nessuno ti disturberà. **Siediti con un foglio di carta e una penna, e lascia che i tuoi pensieri scorrano liberamente.** Inizia scrivendo tutto ciò che ti pesa. Non cercare frasi complesse, usa parole semplici e dirette, come "Sono frustrata perché la mia fiamma gemella mi ignora quando ho bisogno di lei" oppure "Mi sento arrabbiata quando mi fa pressioni per fare cose che non voglio fare." Lascia che ogni emozione trovi spazio sulla carta, senza filtri. Ora, prenditi un momento e rileggi ciò che hai scritto.

Questo è il momento di capovolgere la prospettiva.

Riscrivi ogni frase come se parlasse di te stessa. Ad esempio, "Sono arrabbiata con me stessa perché ignoro i miei bisogni quando dovrei prendermi cura di me" oppure "Mi sento frustrata perché mi faccio pressione da sola per fare cose che non sento di voler fare."

C'è una verità in queste nuove frasi? Spesso, ciò che critichiamo negli altri riflette qualcosa di non risolto dentro di noi. Forse ti senti spinta a reagire in un certo modo perché hai delle ferite interiori che ancora bruciano, ferite che solo tu puoi curare.

Chiudi gli occhi e **visualizza il tuo dolore come se fosse una parte fisica di te.** Immaginalo accanto a te, come una figura separata che rappresenta la tua sofferenza. **Chiedigli cosa ha bisogno.**

Cosa lo farebbe sentire più leggero, più in pace? Trattalo come faresti con una persona che ami: abbraccialo, siediti con lui, ascoltalo finché non senti che il peso si dissolve. Questo esercizio ti guiderà verso una maggiore consapevolezza di te stessa e del tuo rapporto con la tua fiamma gemella.

Il rispecchiamento ti aiuta a prendere coscienza di ciò che agita le acque del tuo cuore, e ti prepara a conversazioni più serene e costruttive. **Ogni volta che senti un conflitto interiore o una tensione crescente, torna a questo esercizio.** Lascia che ti guidi verso la comprensione e la guarigione.

Approfondimento sulla fase di corsa

Quando entri nella fase di **Runner/Chaser** nella tua relazione con la fiamma gemella, tutto sembra intensificarsi. Non è un allontanamento fisico che puoi toccare con mano, ma è come se l'altra metà si stesse ritirando lentamente dall'intensità del legame. In questi momenti, la distanza non sempre si manifesta nel corpo, ma nell'anima. **Il gemello fuggitivo non sempre se ne va fisicamente, ma lo fa emotivamente.**
Potresti notare che cercano distrazioni: **droghe, alcol, stimolanti.** L'intensità della connessione può diventare così travolgente che l'unica via d'uscita sembra essere quella di soffocare quelle emozioni profonde con piaceri artificiali. Quando la loro anima tenta di trovare una via di fuga, la loro prima mossa è spegnere l'energia pura che vi lega.

Passare meno tempo da soli è un altro segnale chiave. Iniziano a circondarsi di persone, organizzano uscite in compagnia, e diventano ansiosi se la folla si riduce. Potrebbe sembrare che abbiano bisogno di una pausa dall'intimità profonda che sentono quando sono soli con te. Se ti senti a tuo agio, lasciali fare, lascia che gestiscano il ritmo. Forzarli potrebbe solo spingerli a scappare più lontano. E poi c'è quell'inquietudine che prende il sopravvento quando siete insieme. **L'energia dell'incontro è così potente** che possono diventare irritabili, stressati, persino provocare piccole discussioni per allontanarsi. Non capiscono perché qualcosa di così bello li porti a livelli di ansia così alti. **Sbalzi d'umore improvvisi, silenzi taglienti, distanze che si allargano.**

Ma, a differenza delle relazioni ordinarie, non vedrai segni di violenza emotiva o fisica. **Una vera fiamma gemella non ti tradirà né ti farà del male consapevolmente.** Se queste dinamiche tossiche si manifestano, allora è probabile che tu non stia vivendo un'autentica connessione di fiamma gemella. Quello che devi ricordare è che **la fuga è spesso il risultato di una maturità spirituale incompleta.** Il tuo gemello potrebbe non essere pronto per gestire la profondità del vostro legame e ha bisogno di tempo per lavorare su se stesso. In quei momenti, la cosa più saggia da fare è lasciare che vadano. **Dagli la tua benedizione, e lasciali partire con amore, sapendo che, se la connessione è vera, torneranno.** La fase di **separazione** è dolorosa, ma è anche uno spazio sacro per riflettere e crescere. Durante questo tempo, fai un passo indietro e chiediti: "È davvero la mia fiamma gemella, o fa parte del mio gruppo animico?" Questo spazio ti permette di valutare se c'è ancora qualcosa che dovete imparare insieme, o se è tempo di lasciarsi andare, anche temporaneamente, per poter entrambi evolvere. E se torneranno?

 Le fiamme gemelle, alla fine, tornano sempre. Non sempre subito, ma la connessione che avete è destinata a riemergere, a volte più di una volta, in un ciclo di separazioni e riunioni. Non c'è bisogno di inseguire fisicamente; il ritorno avverrà quando saranno pronti.

La chiave è la pazienza, non il panico. Durante questo periodo, invece di disperarti, concentrati su te stessa. Alza le tue vibrazioni, ritorna al tuo centro. Ricordi la fase del desiderio, quando facevi di tutto per essere la versione migliore di te stessa, pronta per l'incontro? Ora è il momento di ritrovare quella forza. **Hai trascurato la tua crescita mentre eri con il tuo gemello?** Ora è il momento di riaccendere il tuo fuoco interiore. Prenditi del tempo per **esprimere gratitudine** per il tempo che avete passato insieme. La gratitudine trasforma le energie negative in amore. Visualizza l'amore che provi per loro, senti il legame che non si è mai spezzato davvero. L'amore è un'energia potente, e anche se distanti, il tuo gemello sentirà le tue vibrazioni.

Perdona. Se porti dentro di te rabbia o risentimento, chiediti: torneresti da qualcuno che prova rancore nei tuoi confronti? **Il perdono è l'atto più potente per lasciare andare il dolore.** Non significa dimenticare, ma liberare il cuore dal peso. E, soprattutto, **vivi nel presente.** La tua vita non deve fermarsi mentre aspetti il loro ritorno. Riempiti di cose che ti portano gioia, che ti fanno sentire viva. **Riaccendi la fiamma dentro di te**, coltiva relazioni sane con chi ti circonda, e mantieni aperti i canali dell'amore e della crescita.

Il viaggio delle fiamme gemelle è profondo e imprevedibile, ma è anche un'opportunità per crescere, amare e scoprire te stessa in modi che mai avresti immaginato.

Chiudere le relazioni ?

Se ti trovi a chiederti se dovresti chiudere definitivamente la relazione con la tua fiamma gemella, probabilmente stai attraversando un momento delicato e pieno di contraddizioni interiori. **L'intensità di un legame con la fiamma gemella può essere travolgente** e, a volte, mantenere viva questa connessione richiede un lavoro emotivo estenuante. Anche se l'amore è profondo e l'intesa unica, potrebbe essere che il vostro cammino insieme sia destinato a una durata temporanea.

Se, però, senti che puoi superare le onde tumultuose che vi hanno accompagnato, e puoi arrivare a una riva più tranquilla insieme, **potreste rimanere uniti per sempre**. Tuttavia, non tutte le relazioni con le fiamme gemelle sono fatte per durare in questa vita.

Come capire se è il momento di smettere di inseguire o fuggire?

Quando smetti di vedere la tua relazione come un rifugio sicuro, e **non senti più il tuo gemello come "casa"**, il trauma emotivo potrebbe aver preso il sopravvento. Il legame, che un tempo ti avvolgeva come una coperta calda, ora potrebbe sembrare un peso, un luogo di tensione e incertezza.

Se il tuo gemello risponde con freddezza o disprezzo quando lo contatti, questo è un segnale forte. **Il rispetto è fondamentale:** anche nei momenti più difficili, una fiamma gemella non dovrebbe mai diventare nemica. Se il rispetto è venuto meno, potrebbe essere arrivato il momento di considerare la fine.

Poi, c'è quella sensazione sottile, ma potente: **l'istinto.** Se il tuo istinto ti dice che la relazione ha fatto il suo corso, ascoltalo. Ti sei già fidata del tuo intuito in passato, e probabilmente è lo stesso istinto che ti ha portata in questa relazione. Non ignorare la saggezza che sorge da dentro di te.

A volte, il dolore che la relazione ha lasciato è così profondo che l'unico modo per guarire veramente è **porre fine al processo.** Continuare a comunicare potrebbe solo riaprire vecchie ferite, impedendo a entrambi di trovare la pace e l'equilibrio che cercate. **Guarire richiede spazio.**

Cosa puoi trarre da questa relazione con la fiamma gemella?

Prima di tutto, riconosci che **questa connessione è unica.** Anche se vi siete separati, il legame con la tua fiamma gemella non si dissolve completamente. **Continuerete a far parte l'uno dell'altra,** indipendentemente da dove vi porterà la vita. Quando una relazione così profonda finisce, è naturale passare attraverso emozioni intense: dolore, rabbia, frustrazione. **Accogli questi sentimenti, lascia che scorrano attraverso di te.**

Celebra i momenti positivi che avete vissuto insieme. Quei ricordi, quei frammenti di gioia e connessione profonda, sono pezzi di un puzzle che ha contribuito alla tua crescita spirituale. Lascia andare il negativo, lascia che il passato resti dov'è. **Ogni lezione che hai imparato ti ha avvicinata alla trasformazione.**

Anche se questa parte della vostra storia potrebbe essere giunta al termine, **il viaggio della vostra anima non è finito.** Potrete incontrarvi di nuovo, in un altro tempo, in un'altra dimensione. Le fiamme gemelle sono destinate a incontrarsi più volte, in modi che sfidano il tempo e lo spazio.

LA FASE DI RESA

Questa fase del viaggio della fiamma gemella è spesso chiamata "la formula magica" o "la pallottola d'argento" perché rappresenta il momento in cui devi lasciar andare completamente ogni controllo. **Arrivi a un punto in cui ti rendi conto che essere impotenti è, paradossalmente, il modo più potente di vivere.** Questo è il momento in cui capisci che non puoi trattenere ciò che non è destinato a te e, al tempo stesso, devi lasciar andare ciò che pensi di voler possedere.

Lascia andare ogni attaccamento. Non solo alle persone, ma anche alle idee, alle aspettative e alle illusioni che hai costruito intorno alla tua fiamma gemella. A volte, è proprio ciò a cui ti aggrappi che ti impedisce di avanzare. Devi fidarti dell'universo, devi credere che, qualunque cosa accada, il tuo destino è già stato scritto.

Spesso si ha paura che la relazione con la propria fiamma gemella sia guidata dall'ego: quella parte di te che desidera essere vista, che cerca conferme, che vuole avere il controllo. Ma **l'amore vero, quello che si eleva al di sopra delle barriere umane, non può essere incatenato dall'ego. Devi abbandonarti al divino** e smettere di cercare di controllare ogni cosa.

Pensa alla tua relazione come a una rosa. Sei stata disposta a offrire i petali, quei momenti belli, luminosi, che ti hanno fatto sentire connessa. Ma ti sei aggrappata anche alle spine, ai momenti difficili, al dolore e alle sfide morali. Perché lo hai fatto? Perché è proprio l'ego a spingerti a non lasciar andare. Ti fa credere che se ti aggrappi al dolore, stai proteggendo qualcosa di prezioso. Ma in realtà, **la vera bellezza di una rosa sta nell'accettare sia i petali che le spine,** perché insieme formano il fiore completo.

Arrendersi significa aprire il cuore completamente, permettendo all'amore di fluire oltre i confini della mente e delle convenzioni. L'ego vuole definirti, vuole che tu ti conformi a ciò che la società dice sia giusto o sbagliato. Ma perché dovresti permettere a questi confini di governare il tuo amore? **L'amore tra fiamme gemelle è un amore che non conosce confini, non rispetta le regole della logica terrena.**

Cosa succede se la tua fiamma gemella è di una cultura diversa? O ha un'altra relazione? **La realtà è che le relazioni finiscono, cambiano, e le persone si evolvono.** Se la tua fiamma è destinata a te, verrà. Non importa quali siano le circostanze attuali: **il destino ha sempre l'ultima parola.**

Arrendersi significa anche mettere te stessa al primo posto, non in modo egoistico, ma per riconoscere che solo prendendoti cura di te puoi amare veramente l'altro. **Se continui a sacrificare te stessa per gli altri, nessuno ne trarrà beneficio.** Il coraggio di arrendersi significa rifiutare di vivere una vita governata dalla paura e dai limiti. È lasciare che l'amore fluisca liberamente, senza che venga soffocato dalle aspettative sociali o dalle insicurezze personali.**Sii pronta a sfidare il mondo.** Lascia che il destino guidi il tuo cammino e smetti di preoccuparti delle barriere che la società cerca di mettere tra te e la tua fiamma. **Il tuo amore è illogico, ma sublime, ed è destinato a superare ogni ostacolo.** Non c'è nulla che possa fermare due anime che sono destinate a stare insieme.

L'universo ti sostiene sempre. Ti seguirà finché non avrai abbracciato completamente la tua esperienza di fiamma gemella, finché non sarai libera e pronta ad accogliere questo amore con ogni fibra del tuo essere.

Cosa aspettarti quando ti arrendi

Quando lasci che il tuo ego prenda il controllo, pensi che la pace interiore arriverà solo quando tutto sarà perfetto intorno a te. Ma **la vera pace arriva quando impari a trovarla dentro di te,** nonostante il caos esterno. Quando ti arrendi a questo processo, cambi completamente la tua visione del mondo. È come capovolgere la realtà e abbracciare una nuova verità: **sei tu il punto di equilibrio del tuo universo.**

In questo viaggio, scoprirai molte verità nascoste. Inizierai a concentrare la tua energia su te stessa, invece di ossessionarti per la relazione con la tua fiamma gemella. Questo cambio di prospettiva ti permetterà di crescere. **Sentirai un senso di leggerezza,** perché capirai che ogni emozione negativa che proietti non fa altro che tornare indietro, amplificata, e colpire te stessa.

Non puoi controllare il tuo gemello, le sue azioni o i suoi pensieri. **L'unica cosa che puoi controllare è il tuo modo di reagire.** Questo semplice, ma profondo, insegnamento cambierà il modo in cui affronti ogni situazione. In passato, forse hai confuso il dolore delle relazioni tossiche con l'amore, e hai cercato difetti anche nella tua fiamma gemella. Ora, invece, **imparerai ad apprezzare ciò che hai,** a essere grata per ogni momento condiviso, senza cercare altro.

Sentirai una nuova serenità nella solitudine, perché capirai che non hai bisogno di nessuno per completarti: sei già completa. Le tue conversazioni con la tua fiamma gemella diventeranno più profonde, anche a livello astrale. Potrai sentire la sua presenza anche quando fisicamente è distante, **come se foste insieme, avvolti in una connessione invisibile ma reale.**

Comincerai a inviare amore al tuo gemello con una facilità naturale, senza aspettarti nulla in cambio, sapendo che l'amore è l'energia più potente. E quando rallenterai, quando permetterai al mondo di andare avanti senza cercare di stare al passo, ti sentirai più radicata, più calma. I sintomi di stress come il mal di testa o la tensione muscolare svaniranno.

Le sincronicità che condividi con il tuo gemello diventeranno una fonte di conforto. Invece di irritarti per le coincidenze, inizierai a trovarvi un senso di sicurezza: saprai che lui o lei sarà sempre parte della tua vita, in qualche modo. Quando senti questa connessione, potrai inviare un pensiero telepatico, una carezza mentale, e aspettare una risposta.

E poi c'è l'incontro tra scienza e spiritualità. **Ti scoprirai affascinata da ciò che unisce i due mondi.** I cristalli e le pietre cominceranno ad avere un nuovo significato, e sentirai la chiamata verso luoghi spirituali, come ritiri o templi sacri. Al tempo stesso, potresti sentirti attratta da letture scientifiche che cercano di spiegare ciò che fino a ora sembrava inspiegabile.

In questo percorso, **sarai più sensibile ai cambiamenti d'umore del tuo gemello.** Non vedrai più questi alti e bassi come un disturbo, ma come una parte necessaria del vostro legame. **Le vostre energie non devono essere sempre in perfetta sintonia,** ma è importante affrontare le sfide insieme, anche a distanza.

Con il tempo, ti accorgerai di quanto la tua capacità di comunicare telepaticamente si sia affinata. Ogni pensiero che invii sarà carico di energia positiva, avvolto in luce bianca. Visualizzare il modo in cui il tuo messaggio sarà ricevuto ti aiuterà a sentirti connessa, **come se il tuo gemello potesse sentirti ovunque si trovi.**

Arriverai a **sperimentare l'amore totale.** Senza più paura o giudizio, ti lascerai inondare dall'amore profondo che provi per il tuo gemello, e ti renderai conto di quanto straordinaria sia la vostra connessione. **Guardandolo negli occhi, vedrai l'origine della tua anima, il luogo da cui tutto ha avuto inizio.** Sarà come riconoscere un antico legame, una casa spirituale a cui appartieni.

A questo punto, la vostra attrazione si manifesterà anche sul piano fisico. **Se l'universo lo riterrà opportuno, vi guiderà verso una riconciliazione concreta.** Segui i segni. Un invito inaspettato o un viaggio improvviso potrebbero essere la chiave per riunirvi.

Infine, giungerai a una sorprendente conclusione: **questa relazione è la più completa che avrai mai avuto,** e, anche se la separazione dovesse durare, ciò non cambierà la sua importanza. **Non importa se non vi incontrerete mai più in questa vita,** l'amore che condividete è eterno e trascende ogni limite terreno.

Quando ti arrendi al destino, scopri un nuovo scopo di vita. **Non ti preoccuperai più di ciò che pensano gli altri,** e troverai il coraggio di esprimere il tuo vero io, anche attraverso abiti, stili e scelte che riflettono la tua autenticità. Sarai guidata da una nuova sete di conoscenza e abbraccerai il tuo bambino interiore, ritrovando gioia nelle piccole cose, come dipingere o correre in un parco.

Non sarai più una spettatrice, ma una partecipante alla vita. E, una volta che avrai lasciato andare, scoprirai che l'universo ti ha sempre sostenuta, aiutandoti a crescere spiritualmente e a prepararti per la tua prossima grande avventura.

RIUNIONE O UNIONE DELLA FIAMMA GEMELLA

La fine del viaggio con la tua fiamma gemella è vicina, e questo momento porta con sé un senso di quiete e consapevolezza. **Non è solo il "vissero felici e contenti" che conosci dalle fiabe, ma una fase più profonda**, dove diventate una cosa sola e il mondo vi accetta per ciò che siete, come coppia. Tuttavia, la strada per arrivare a questo punto è diversa per ognuno.

La separazione può assumere molte forme. **Forse il tuo gemello si è allontanato fisicamente, tagliando ogni legame, o magari vivete ancora insieme, ma vi siete persi emotivamente.** Il vuoto tra di voi può essere invisibile agli occhi degli altri, ma tu lo senti come un'ombra che incombe. **Eppure, anche in questa distanza, c'è crescita.**

Potresti sentirti bloccata in un ciclo di separazione e riconciliazione, come una ruota che gira senza sosta. **A volte è come vivere sulle montagne russe: dramma e paura si alternano a momenti di intensa passione e amore.** Questo succede quando tu e il tuo gemello vi trovate a diversi stadi del vostro percorso spirituale. **Non tutti i cuori sono pronti allo stesso momento,** e alcune coppie faticano a raggiungere il ricongiungimento perché sono ancora ancorate al mondo 3D, incapaci di ascendere.

Ma se è il tuo caso, non disperare. **La vostra anima ha molte vite davanti a sé,** e il tempo non è un nemico. Anche se non vi riunite in questa vita, la connessione che condividete è eterna e vi porterà a ritrovarvi quando sarete entrambi pronti.

Ciò che è importante ricordare è che il ricongiungimento non segue un percorso lineare. Ogni coppia ha i suoi tempi, e il viaggio di ognuno è unico. Alcuni gemelli si separano per anni, non perché non si amano, ma perché devono risolvere le loro ferite interiori prima di potersi incontrare di nuovo. **La vita è complessa, e spesso porta con sé bagagli emotivi che ci impediscono di impegnarci completamente.**

Se ti trovi in questa situazione, in cui senti che il tuo gemello ha allungato davanti a te una "carota penzolante", lasciandoti in una condizione di incertezza, potrebbe essere il momento di affrontare la realtà. **Saprai dentro di te quando è il momento di fare un passo avanti, di superare i dubbi che ti trattengono.** E quando questo accadrà, accetterai che, qualunque sia il risultato, sarà guidato dal destino.

Quando i segnali si manifestano, ascoltali. Saranno chiari come una brezza che spinge dolcemente verso la direzione giusta. Agisci con coraggio e fiducia, sapendo che ciò che succederà sarà esattamente ciò che deve accadere. **Il destino ha già scritto il suo piano,** e in quel momento sentirai una profonda tranquillità, sapendo che hai fatto la scelta giusta per la tua anima.

Questo è il tuo viaggio, il vostro viaggio. Non importa quanto tempo ci vorrà o quanto complicato possa sembrare. Il ricongiungimento, o l'accettazione della separazione, ti porterà esattamente dove devi essere.

Segni che stai per incontrare una riunione

La fine del viaggio con la tua fiamma gemella è vicina. Il "vissero felici e contenti" non è la fine di una favola, ma un punto di arrivo in cui **tu e il tuo gemello diventate una cosa sola**, accettati non solo da voi stessi ma anche dal mondo. Ogni separazione è diversa. **Forse il tuo gemello ha lasciato ogni contatto, o forse vive ancora con te, ma si è allontanato emotivamente.** Questo può accadere quando entrambi siete a livelli diversi di crescita spirituale, e purtroppo alcune coppie rimangono bloccate in questa fase senza riuscire ad ascendere.

Ma non temere, **il viaggio dell'anima non si conclude in una sola vita.** Anche se in questa esistenza non riuscite a raggiungere la piena unione, **ci saranno altre opportunità.** Il ricongiungimento finale è unico per ogni coppia e può richiedere anni di separazione per risolvere ferite profonde e cicatrici emotive. La vita delle fiamme gemelle è spesso complicata, e il bagaglio emotivo di una o entrambe le metà può impedire un impegno completo.

Tuttavia, ci sono segnali che l'universo ti manda per farti capire che il ricongiungimento è vicino. **Potresti aver percepito che il tuo gemello si trattiene, e che forse ha adottato un atteggiamento di attesa.** Quando senti che è arrivato il momento di superare le tue incertezze, **agisci.** Potrebbe essere la scintilla che vi riporterà insieme, o forse porterà a una svolta diversa. **In ogni caso, il destino si occuperà di ciò che deve accadere,** e ti sentirai in pace.

Uno dei primi segnali che l'unione è vicina è un'eccitazione inspiegabile. Ti senti improvvisamente più leggera, con un fremito nel cuore. Questa è la tua anima che riconosce un cambiamento nell'energia del tuo gemello. **Forse hai già accettato il legame, ma ora anche lui si sta aprendo all'unione.**

La comunicazione tra voi due potrebbe diventare più fluida. **Anche se avete passato periodi di silenzio,** potresti iniziare a ricevere segnali, come sogni o messaggi improvvisi sui social media. Anche se siete a migliaia di chilometri di distanza, **siete sempre vicini sul piano astrale.**

Se il tuo gemello era già coinvolto in un'altra relazione, **potresti sentire che la sua situazione è cambiata.** Questo potrebbe essere un segno che si sta avvicinando a te, ma non permettere che la tua vita resti in sospeso mentre aspetti. **Non puoi interferire con il libero arbitrio del tuo gemello.** Continua a vivere, cerca nuove opportunità d'amore e lascia che l'universo faccia il suo corso.

Il principio di riflessione è un altro segnale chiave. Se improvvisamente ti ritrovi a pensare al tuo gemello più del solito, **è probabile che anche lui stia pensando a te.** Il tuo cambiamento di pensieri riflette un cambiamento anche nel suo cuore. Spesso, potresti sentire persone vicine che menzionano il suo nome o vedere segni del suo ritorno. Questi piccoli indizi dell'universo ti preparano per la sua riapparizione.

Quando mediti, cerca risposte concrete. Se senti che il tuo gemello è pronto, ma hai dei dubbi, usa la meditazione per chiedere chiarezza. Concentrati sui tuoi pensieri e chiedi se il ricongiungimento è vicino. **Se le risposte non arrivano, non ti preoccupare.** Ci potrebbero essere ostacoli che ancora impediscono l'unione, ma ogni cosa ha il suo tempo.

L'universo ti spingerà verso il ricongiungimento in modi inaspettati. **Potresti sentirti attratta da un luogo o un evento particolare, come se qualcosa ti stesse guidando.** Una libreria, un caffè, o anche un incidente minore potrebbero metterti in contatto con qualcuno che conosce il tuo gemello. Ogni coincidenza, ogni piccolo segnale, ti conduce verso di lui.

E infine, **la pace interiore è il segno più potente.** Quando ti rendi conto che non hai più bisogno di aspettare, quando ti senti completa da sola, **è in quel momento che l'unione è più probabile.** Il bisogno svanisce e lascia spazio alla serenità. Non c'è più ansia, solo un profondo senso di completamento.

Forse, a quel punto, **ti sembrerà che il tuo gemello sia già con te.** Potresti iniziare a percepirlo accanto a te, a sentirlo nella tua casa, nella tua quotidianità. Questo è un chiaro segno che siete spiritualmente pronti per un ricongiungimento.

Il risveglio creativo è un altro segno forte. Se ti ritrovi a scrivere, disegnare, o immergerti in attività artistiche, **la tua anima si sta preparando per l'unione.** La tua creatività è un riflesso della gioia che senti nel cuore, e ciò che crei sarà qualcosa da condividere con il tuo gemello quando sarete insieme.

Infine, fai attenzione ai numeri. **L'universo spesso comunica attraverso le cifre,** siano esse su un conto, un orologio o una fattura. Se noti ripetizioni o numeri significativi, **questi sono messaggi che ti guidano verso il ricongiungimento.**

Alla fine, **quando ti arrendi completamente al flusso del destino, ti sentirai rinata.** Sarai in pace, sapendo che tutto ciò che accade è per il tuo bene più alto. E quando smetterai di cercare, il tuo gemello tornerà da te.

Cosa succede una volta che ti sei ricongiunta ?

Quando la fase di separazione termina e vi arrendete completamente all'unione, **il ricongiungimento avverrà naturalmente.** Non puoi forzarlo, non puoi controllarlo. Succede quando entrambi siete pronti, quando le vostre anime hanno trovato il giusto equilibrio. **In quel momento, le vostre menti cominciano a fondersi,** creando una consapevolezza condivisa che va oltre le parole. È come se un filo invisibile vi legasse, permettendovi di percepire ciò che sente l'altro, anche da lontano.

Tre consapevolezze importanti emergono in questa fase del vostro percorso.

La prima: comprendi il significato profondo della vostra collaborazione. Non è solo un legame romantico, è molto di più. **Siete entrambi consapevoli dei vostri ruoli all'interno della relazione,** ma questa consapevolezza va oltre gli stereotipi. Che siate una coppia tradizionale o meno, ciò che conta è che vi sentiate **completamente a vostro agio nel vostro essere.** Il partner femminile potrebbe prendersi cura della comunicazione, coltivare il dialogo, mentre il partner maschile si occupa di proteggere e sostenere. Tuttavia, per voi, i ruoli possono essere fluidi, senza vincoli. **Quello che conta è l'armonia, la sincerità,** e il sentirvi liberi di essere voi stessi senza riserve.

La seconda: quando lavorate insieme, formate una squadra imbattibile. In passato, forse, avete lottato per mantenere il vostro potere individuale, reso difficile dal conflitto tra il bisogno di indipendenza e la fusione dell'unione.

Ma ora avete imparato a fidarvi l'uno dell'altro, a vedere i vostri punti di forza come complementari. **Non c'è più**

competizione, ma solo un'energia unificata. Insieme, siete una forza inarrestabile. Le difficoltà che avete affrontato prima sono state lezioni che ora vi permettono di **collaborare in modo perfetto,** senza più resistenze.

Infine: siete fatti per stare insieme. Forse, in passato, avevate bisogno di spazio, sentivate la pressione di dover proteggere il vostro spazio personale, di avere momenti di solitudine. Ma ora, **la vostra casa è ovunque ci siate entrambi.**

Che sia una grande casa o un piccolo appartamento, l'importante è essere insieme. **Il luogo non conta più,** perché avete compreso che è la connessione tra voi a rendere ogni spazio il miglior posto del mondo. Decidere dove vivere non è più un motivo di conflitto, **ma una scelta condivisa,** fatta con serenità e amore.

Ogni passo in questo viaggio vi ha preparato a vivere l'unione in modo più profondo, consapevole e completo. **Ora siete pronti per condividere non solo uno spazio fisico, ma un'esperienza spirituale.**

NUMEROLOGIA E FIAMME GEMELLE

La numerologia gioca un ruolo fondamentale nel viaggio delle fiamme gemelle, poiché i numeri ricorrenti sono segni dell'universo che indicano tappe importanti del percorso spirituale. Questi numeri non appaiono mai per caso, ma portano messaggi profondi legati alla tua crescita interiore e alla tua connessione con la tua fiamma gemella.

111: Il Risveglio Spirituale

Quando incontri il numero 111, l'universo ti sta spingendo a **risvegliare la tua coscienza**. È uno dei numeri più potenti legati alle fiamme gemelle, simbolo di apertura dei portali spirituali. Questo numero ti guida verso una maggiore consapevolezza di te stessa e della tua connessione con la tua fiamma gemella. Potresti sentire una forte attrazione verso il tuo gemello, come se le vostre anime stessero cominciando a riconoscersi su un piano più profondo. *Il battito del tuo cuore potrebbe sincronizzarsi con quello della tua fiamma senza che te ne renda conto.*

222: Armonia e Bilanciamento

Il numero 222 è un simbolo di **equilibrio e armonia**. Quando compare, l'universo ti sta ricordando di mantenere una visione positiva nonostante le sfide. In una relazione di fiamme gemelle, 222 ti invita a coltivare pazienza e fiducia. Il percorso può essere difficile, ma questo numero ti assicura che la pace e l'unità stanno per arrivare. *È il dolce sospiro che ti ricorda di lasciare andare l'ansia e di abbracciare l'armonia.*

333: Espansione e Crescita

Il 333 è il numero dell'espansione. Ti incoraggia a **seguire la tua verità spirituale**. Durante il viaggio delle fiamme gemelle, questo numero rappresenta un passo avanti nel processo di crescita. Significa che entrambi state ampliando la vostra consapevolezza e preparandovi a un'unione più profonda. Questo numero invita anche a cercare una guida spirituale o a praticare attività che elevino il vostro spirito, come la meditazione o il journaling.

444: Protezione e Stabilità

444 porta con sé un messaggio di **protezione**. Indica che le energie spirituali sono allineate per proteggere te e la tua fiamma gemella lungo il cammino. Se ti senti persa o insicura, 444 ti rassicura che sei guidata e protetta dall'universo. *È come il tocco delicato di una mano invisibile che ti guida attraverso il caos.*

555: Trasformazione

Quando vedi il 555, preparati a una grande **trasformazione**. Questo numero annuncia cambiamenti importanti nella tua vita e nella tua relazione con la tua fiamma gemella. Se sei in una fase di separazione, il 555 può segnalare che il tempo della separazione sta per concludersi e che entrambi siete pronti per una nuova fase insieme. *Come una farfalla che si libera dal bozzolo, stai per rinascere.*

666: Riconnessione con l'Equilibrio

Nonostante la cattiva reputazione di questo numero, 666 ti invita a **riconnetterti con l'equilibrio**. Ti sta spingendo a guardare all'interno e a rilasciare i pensieri o le emozioni negative che ti trattengono. Nel contesto delle fiamme gemelle, può indicare che è giunto il momento di lasciar andare i vecchi schemi che non servono più e di riconciliarti con te stessa.

777: Illuminazione Divina

777 rappresenta la **saggezza divina**. Se incontri questo numero, significa che sei in sintonia con il tuo cammino spirituale e che stai ricevendo messaggi dall'universo. Potresti sentirti più vicina alla tua fiamma gemella o notare una maggiore chiarezza riguardo al tuo scopo di vita. *È il suono della sinfonia cosmica che ti invita a danzare con l'universo.*

888: Abbondanza e Unione

888 è il numero dell'**abbondanza** e della realizzazione. Segnala che i frutti del tuo lavoro spirituale stanno per manifestarsi. Nella relazione con la tua fiamma gemella, 888 indica che siete pronti a sperimentare una connessione più profonda e appagante. Questo è un segno che l'unione è vicina, e che l'universo vi sostiene nel raggiungimento della vostra missione.

999: Completamento di un Ciclo

999 indica la **fine di un ciclo**. Questo numero è profondamente trasformativo e annuncia che una fase importante della tua vita sta giungendo al termine. Nel viaggio delle fiamme gemelle, può segnalare che siete pronti a lasciar andare il passato e a entrare in una nuova fase del vostro rapporto. *Come il tramonto di un lungo giorno, il numero 999 ti invita a chiudere con ciò che non serve più, per fare spazio a nuove possibilità.*

ESERCIZI GUIDATI

In questa parte del libro trovi una serie di esercizi guidati per sperimentare l'esperienza delle fiamme gemelle ed aiutarti ad evolvere spiritualmente nella coscienza della tua relazione.

La Ricerca

(Chakra della Radice - Muladhara)

Visualizzazione:
Cammini a piedi nudi su una terra scura, umida, ogni passo affonda leggermente nel suolo morbido. L'aria intorno è fresca, il vento ti accarezza la pelle, e sotto di te senti qualcosa di più profondo: radici. Le tue radici, forti e potenti, si estendono dal centro del tuo corpo, scendono nelle profondità della terra, cercando nutrimento, stabilità. Con ogni respiro, le radici si allungano, penetrano nel terreno fertile, trovando ancoraggio, mentre il tuo corpo si raddrizza, forte e sicuro. **Sei parte di questa terra, salda e immobile.** Ogni passo ti avvicina a ciò che cerchi, alla tua fiamma gemella, ma prima devi trovare il tuo equilibrio, la tua sicurezza.

Il profumo della terra bagnata ti riempie i polmoni, il rumore delle foglie che si muovono sopra di te ti ricorda che sei al sicuro, protetta dalla natura stessa.
Ogni radice è un filo invisibile che ti connette alla tua anima gemella.

Meditazione:
Chiudi gli occhi e porta l'attenzione al tuo chakra della radice.
Lì, al centro della tua base, pulsa una luce rossa, calda e vibrante.
**La senti? È una fiamma che cresce lentamente, irradiando
forza, stabilità, potere.** Respira profondamente e lascia che
quella luce si espanda, riempiendo ogni angolo del tuo corpo. La
tua spina dorsale è una colonna di energia, solida come una
montagna, e ogni respiro ti avvicina di un passo alla
consapevolezza. **Sei supportata dall'universo in questo viaggio.**
Non c'è fretta, solo un cammino da percorrere con pazienza.

*Ogni respiro ti riporta qui e ora. La luce rossa diventa il battito stesso
del tuo cuore, lenta, potente.* Sentila radicarsi dentro di te, un
legame invisibile tra te e la terra, tra te e la tua anima gemella,
che si avvicina ad ogni passo.

Pietra associata:
Prendi in mano un'ematite, fredda e liscia. **Senti il suo peso? È il
tuo scudo, la tua protezione.** Ti radica, ti avvolge in una
sicurezza silenziosa, e ti permette di camminare senza paura.
Tienila con te, nei momenti in cui senti il terreno vacillare sotto i
piedi, quando il mondo sembra muoversi troppo in fretta. *In quei
momenti, stringi l'ematite nella mano e lasciati avvolgere dal suo
silenzioso potere.*

Pianeta associato:
Saturno ti osserva dall'alto, severo e paziente. Non corre, non si
affretta. **Ti insegna la lezione del tempo, della struttura.** *Ogni
difficoltà, ogni ritardo, è una lezione karmica, un passo verso la tua
evoluzione.* Saturno ti invita a resistere, a restare solida, come un
albero che ha visto passare tempeste, senza mai piegarsi.

Shadow Work Motivazionale:
Affronta le tue paure più profonde. Guarda in faccia la solitudine e l'abbandono, non distogliere lo sguardo. *La ferita brucia, ma è necessaria.* Solo affrontando queste ombre potrai davvero iniziare il tuo viaggio. **La ricerca non è un atto disperato, ma il primo passo verso la tua guarigione.** Radicati nell'autosufficienza, senti la forza nascosta in te, e capisci che non hai bisogno di nessuno per sentirti completa. Ma nel momento in cui sarai radicata, forte, sarai pronta per incontrare l'altro. **Tu sei il tuo inizio.**

L'Incontro
(Chakra Sacrale - Svadhisthana)

Visualizzazione:

Ti trovi su una riva silenziosa, dove l'acqua lambisce dolcemente la terra, creando un ritmo delicato e costante. **Il suono delle onde ti circonda, ipnotico, come un sussurro che ti chiama a lasciarti andare.** Di fronte a te, una figura emerge dalla nebbia sottile, e senza parole, sai che è lui, la tua fiamma gemella. Gli occhi si incontrano, e il tempo sembra rallentare. L'acqua, simbolo delle vostre emozioni profonde e della vostra energia sessuale, si muove tra voi, creando un legame invisibile che cresce a ogni respiro.

L'aria è densa di aspettativa, il profumo salmastro dell'acqua ti riempie i sensi, e il tocco delle onde sulla tua pelle ti ricorda quanto sia viva questa connessione. **Sentite il desiderio e la forza della vostra unione scorrere come un fiume in piena.** Ogni battito del cuore è sincronizzato, ogni respiro è una danza tra due anime destinate a trovarsi.

Meditazione:

Chiudi gli occhi e porta l'attenzione al tuo chakra sacrale, appena sotto l'ombelico. Una luce arancione emerge, calda e fluida, come lava che si muove lentamente. **Senti l'energia crescere, stimolando la tua creatività, la tua passione, la tua vitalità.** Lascia che questa luce scorra attraverso il tuo corpo, liberando ogni blocco, ogni paura. Ogni emozione che provi è pura, naturale, e ti apre alla possibilità di una connessione profonda, senza barriere. **Lasciati andare alle tue emozioni, falle fluire libere come l'acqua.**

Ogni respiro è come un'onda che sale e scende, fluido e naturale. La luce arancione si espande, riscaldando ogni angolo del tuo corpo, risvegliando il tuo desiderio più autentico. Senti quella fiamma interiore crescere, pulsante e viva, pronta a connettersi con l'altro.

Pietra associata:
Tieni in mano una cornalina, liscia e calda. **Senti il suo potere risvegliare la tua creatività e aprire la tua espressione emotiva.** *Ogni volta che ti senti bloccata, stringi la cornalina e lascia che la sua energia ti guidi verso la libertà emotiva.*

Pianeta associato:
Venere, luminosa e morbida, osserva dall'alto. **Ti insegna la bellezza dell'amore, della connessione sensuale, del piacere.** *Nella sua luce, c'è la promessa di un'unione profonda, che onora ogni parte di te.* **Non vergognarti dei tuoi desideri, sono parte della tua essenza.**

Shadow Work Motivazionale:
Guarda in profondità dentro di te, lì dove nascondi i desideri più intensi, quelli che ti fanno paura. **Lascia che emergano alla superficie, senza giudizio, senza vergogna.** *Cosa desideri davvero? Quali sono i tuoi bisogni più autentici?* Sentili, accoglili, e concediti il diritto di volerli. **Solo accettando i tuoi desideri nascosti potrai connetterti realmente con l'altro.** L'intimità non è debolezza, è forza.

La prova

(Chakra del Plesso Solare - Manipura)

Visualizzazione:

C'è una fiamma dentro di te, nel centro del tuo petto, proprio nel plesso solare. Non è una fiamma qualunque, ma una luce dorata che brilla e si muove come un fuoco sacro. **Ogni scintilla che sale ti dà forza, ogni fiammella accarezza la tua volontà.** Davanti a te, la tua fiamma gemella si riflette nello stesso fuoco. Insieme affrontate una prova, una sfida che sembra imporsi tra di voi. **Sentite il peso degli ostacoli, ma la fiamma dentro di te non vacilla.** Ogni difficoltà è come legna gettata nel fuoco: la tua luce cresce, la tua volontà si rafforza.

L'aria è calda intorno a voi, il suono delle fiamme riempie il silenzio mentre le prove si susseguono. La tua pelle percepisce il calore, e il sudore sulla fronte ti ricorda che sei viva, piena di forza. **Questo è il momento in cui la tua volontà viene messa alla prova.**

Meditazione:

Porta la tua attenzione al centro del plesso solare, sentendo la fiamma dorata che arde dentro di te. **Ogni respiro alimenta il fuoco, lo fa crescere, lo rende più luminoso.** Visualizza quella fiamma che si espande, consumando ogni insicurezza, ogni dubbio. Il calore della fiamma ti avvolge, brucia lentamente tutto ciò che ti trattiene. **Diventi consapevole del tuo potere personale, del tuo coraggio, della tua determinazione.** Questa fiamma è il tuo potere interiore, il nucleo della tua forza.

Ogni respiro ti connette a questo fuoco. Lo senti crescere, fluire attraverso le tue vene, illuminando ogni parte di te. Nulla può spegnere questa luce, perché è parte della tua essenza.

Pietra associata:

Tieni un citrino tra le mani, la sua superficie è liscia e calda. **Questa pietra risveglia la tua fiducia in te stessa, rafforza il tuo**

valore. Ogni volta che senti le tue insicurezze emergere, tieni il citrino stretto nella mano e lascia che la sua energia ti ricordi chi sei. *In quei momenti di dubbio, lascia che il citrino ti sussurri all'orecchio: "Tu sei potente."*

Pianeta associato:
Marte, con la sua energia di fuoco e azione, ti spinge avanti. **È il pianeta della forza, della volontà e del coraggio.** *Quando Marte ti guida, non c'è spazio per la paura o il fallimento, solo per la determinazione. Tu hai la capacità di affrontare qualsiasi sfida.* **La forza di Marte è dentro di te.**

Shadow Work Motivazionale:
Guardati dentro e affronta quei momenti in cui hai reagito senza pensare, quei comportamenti automatici che nascondono insicurezze profonde. **Dove la paura del fallimento ti blocca?** Non voltare le spalle a questa paura, accoglila. *Cosa ti sta insegnando?* **Accetta il potere che nasce dalla vulnerabilità.** Essere vulnerabile non ti rende debole; ti rende umana. Solo attraverso questa consapevolezza puoi accendere completamente il fuoco del tuo potere personale. **È nelle tue mani.**

La Separazione
(Chakra del Cuore - Anahata)

Visualizzazione:
Senti il vuoto nel petto, come se il tuo cuore fosse spezzato da una frattura invisibile. Il dolore è profondo, e ogni respiro sembra farlo emergere ancora di più, come un'onda che sale dal petto fino alla gola. **Ma nel mezzo di questo dolore, una luce verde inizia a brillare.** È morbida, ma potente, avvolge quella breccia nel cuore e inizia a colmare lo spazio vuoto. **Quella luce non ripara solo le ferite, le trasforma.** Nonostante la separazione, senti un filo sottile, invisibile, che ti lega ancora alla tua fiamma gemella. **Questo legame non è fatto di possesso, ma di amore incondizionato.**

L'aria è carica di emozioni, come un profumo dolce e amaro insieme. Il calore della luce verde ti accarezza la pelle, e il suono del tuo respiro si mescola al battito del tuo cuore che, lentamente, ritrova il suo ritmo. **Il dolore si trasforma in una sensazione di apertura, una porta verso la guarigione.**

Meditazione:
Chiudi gli occhi e porta l'attenzione al centro del tuo petto. Lì, una luce verde comincia a espandersi, dolcemente, come un raggio di sole che attraversa le foglie degli alberi. **Quella luce avvolge il tuo cuore, calmando ogni ferita, accogliendo ogni dolore senza giudizio.** Lascia che il verde della guarigione fluisca dentro di te, portando con sé il perdono: perdona te stessa, perdona la tua fiamma gemella. **Questo è il potere dell'amore incondizionato.** Sentilo fluire, come un fiume lento e costante che scorre dentro di te, alimentato dalla compassione.

Ogni respiro riempie il tuo petto con quella luce verde, morbida e curativa. Ogni battito del cuore la espande, la diffonde in ogni angolo del tuo essere. **Senti il potere del perdono che ti attraversa, come un balsamo su una ferita aperta.**

Pietra associata:
Prendi in mano un quarzo rosa. **La sua energia delicata ti avvolge, ti ricorda che l'amore è la chiave di ogni guarigione.** Ogni volta che senti il peso della separazione schiacciarti, tieni stretto il quarzo rosa e lascia che il suo potere dolce ma forte ti guidi verso l'accettazione e l'amore per te stessa. *È come un abbraccio caldo, silenzioso, che ti avvolge quando ne hai più bisogno.*

Pianeta associato:
La Luna, con il suo bagliore argenteo, ti invita a riflettere. **Rappresenta le tue emozioni, mutevoli e profonde come il mare.** *Nella sua luce, puoi vedere chiaramente ciò che ti fa male, ma anche ciò che ti guarisce.* **Accetta la Luna come tua guida interiore: attraverso la riflessione, trovi la guarigione.**

Shadow Work Motivazionale:
Affronta il dolore della separazione, senza cercare di sfuggirlo o di coprirlo. **Accetta che questa ferita fa parte del tuo viaggio.** *Cosa nascondi dietro la paura di soffrire?* Esplora i tuoi meccanismi di difesa, quei muri che hai eretto per proteggerti, e osserva come ti tengono lontana non solo dagli altri, ma anche da te stessa. **La vulnerabilità non è debolezza, è il cammino verso la guarigione.** Solo permettendoti di sentire completamente, potrai trasformare il dolore in crescita.

L'Illuminazione

(Chakra della Gola - Vishuddha)

Visualizzazione:

Un'energia blu profonda comincia a risvegliarsi dentro di te, al centro della tua gola. **È come un fiume che scorre silenzioso, limpido, ma potente.** Si espande lentamente, attraversando ogni ostacolo, ogni nodo che ha trattenuto la tua voce per troppo tempo. **Ora puoi parlare, senza paura, senza esitazione.** Ogni parola che pronunci è carica di verità. **Senti come ti connette, non solo con chi ti ascolta, ma anche con te stessa.** Davanti a te, la tua fiamma gemella è lì, pronta ad ascoltare. **Le tue parole sono come ponti invisibili che si stendono tra le vostre anime, connettendovi a un livello più profondo, spirituale.**

L'aria intorno a te è vibrante, come se il mondo stesso stesse aspettando le tue parole. La tua gola si schiarisce, il suono della tua voce è limpido, ogni frase che esce è carica di sincerità, come un soffio di vento che dissolve le nebbie del passato. **Questa è la tua verità, e ogni parola è una porta che si apre verso una connessione più autentica.**

Meditazione:

Chiudi gli occhi e porta la tua attenzione al centro della gola. Una luce blu intensa si accende, pura e limpida, e comincia a espandersi. **Ogni respiro la rende più luminosa, più potente, spazzando via ogni blocco, ogni paura.** Visualizza questa luce che si apre come un fiore, liberando la tua voce interiore. **Non c'è più spazio per il silenzio forzato o per parole non dette.** *Ogni parola che emerge da questa luce è autentica, ogni silenzio è consapevole, carico di significato.*

Pietra associata:

Tieni un lapislazzuli tra le mani, la sua superficie fredda e liscia ti ricorda il potere della verità. **Questo cristallo ti connette alla tua autenticità, ti invita a parlare senza paura, con coraggio e**

chiarezza. *Quando senti che le parole ti si bloccano in gola, tieni stretto il lapislazzuli, e ricorda: la verità è la tua forza.*

Pianeta associato:
Mercurio ti guida, con la sua energia rapida e brillante. **È il pianeta della comunicazione, della chiarezza mentale.** *Sotto la sua influenza, le tue parole scorrono come acqua limpida, e la tua mente si apre a nuove comprensioni.* **Mercurio ti insegna che le parole hanno un peso, ma anche il silenzio consapevole può essere una forma di comunicazione profonda.**

Shadow Work Motivazionale:
Rifletti sulle verità che hai trattenuto, quelle parole non dette che ti sono rimaste bloccate in gola. **Cosa hai nascosto a te stessa?** *Quali segreti ti porti dentro, temendo il giudizio o la vulnerabilità?* Riconosci il potere delle parole che non hai mai pronunciato, ma anche di quelle che hai detto senza pensarci. **Ogni parola ha un impatto, ogni silenzio ha un significato.** *Libera ciò che è stato represso, e scopri il potere che nasce dalla tua verità più autentica.* **Ora è il momento di parlare, e anche di ascoltare con attenzione.**

La Riunione

(Chakra del Terzo Occhio - Ajna)

Visualizzazione:
Gli occhi della tua fiamma gemella ti guardano, intensi e profondi. **Nel loro sguardo si riflette l'infinito, e senza una parola, senti un legame che trascende il tempo.** In quell'istante, tutto si ferma. **Attraverso i suoi occhi, vedi il passato, il presente e il futuro intrecciarsi come fili di luce.** Ogni vita che avete condiviso, ogni incontro e separazione, si rivela come un mosaico, frammenti di un disegno più grande. **Il tuo terzo occhio si apre, una luce indaco inizia a risvegliarsi al centro della tua fronte.** È un faro che illumina le verità universali, che ti fa vedere oltre l'illusione del mondo materiale. **In questo sguardo, percepisci il destino che vi unisce.**

L'aria è densa di elettricità, come se ogni cosa intorno a voi fosse carica di significato. Ogni respiro è un viaggio, ogni battito del cuore risuona all'unisono con l'energia dell'universo. Le verità si rivelano senza bisogno di parole, tutto è chiaro, limpido, come se fosse sempre stato lì, davanti a te.

Meditazione:
Porta la tua attenzione al centro della fronte, dove pulsa il chakra del terzo occhio. **Una luce indaco si espande, luminosa e potente.** Senti come si apre, lentamente, come un fiore notturno che si schiude sotto la luce della luna. **Questa luce dissolve ogni illusione, ti permette di vedere oltre ciò che è visibile, oltre la superficie delle cose.** Con ogni respiro, la tua intuizione si potenzia, la tua visione interiore si espande. *Ora, sei capace di cogliere la verità nascosta dietro ogni maschera.*

Pietra associata:
Tieni in mano un'ametista, fredda e liscia. **La sua energia purifica i tuoi pensieri, potenziando la tua intuizione e la tua saggezza spirituale.** *Quando senti che la realtà ti confonde, che le*

illusioni del mondo ti offuscano la mente, tieni l'ametista vicino a te, e lascia che ti guidi verso la chiarezza.

Pianeta associato:
Nettuno, avvolto nel mistero, rappresenta sogni e visioni. **La sua energia ti spinge a guardare oltre, a scoprire le verità che giacciono sotto la superficie.** *In lui, trovi la connessione tra il visibile e l'invisibile, tra il sogno e la realtà. Nettuno ti sussurra segreti, ti invita a esplorare le profondità del tuo intuito.* **Non temere ciò che scoprirai, perché in quelle visioni troverai la tua strada.**

Shadow Work Motivazionale:
Osserva attentamente le illusioni che crei nella tua mente, le distorsioni che ti tengono lontana dalla verità. **Dove stai cercando di controllare ciò che è incontrollabile?** *Quali aspettative hai proiettato su te stessa e sugli altri?* Guarda oltre il velo che hai tessuto con le tue paure e desideri. **La tua intuizione sa già la verità.** Anche se quella verità può sembrare scomoda, abbracciala. **È solo accettando la visione del tuo terzo occhio che potrai vedere il tuo cammino con chiarezza e trovare la pace nella riunione delle vostre anime.**

L'Unione Divina

(Chakra della Corona - Sahasrara)

Visualizzazione:

Una luce bianca, pura e scintillante, discende dall'alto come un flusso d'energia infinita. **È la luce dell'universo che ti chiama, ti avvolge, e ti unisce a qualcosa di più grande.** La senti scendere dal cielo, attraversare l'aria e toccare la sommità della tua testa, espandendosi dolcemente in ogni parte del tuo essere. **In quella luce, non sei più sola.** La tua fiamma gemella è accanto a te, e insieme siete immersi in questa corrente di energia divina. **Non c'è separazione, solo unità.** Ogni confine si dissolve, il tuo corpo e la tua mente si fondono con l'infinito, e tu *senti* che tu e la tua fiamma gemella non siete solo due anime che si cercano, ma **parte di un unico flusso cosmico.**

L'aria è densa di luce, calda e vibrante, come se ogni molecola intorno a te fosse carica di energia divina. La sensazione sulla pelle è quella di essere sospesa in un abbraccio senza fine, un'onda di calma e potenza che ti attraversa completamente.

Meditazione:

Porta la tua attenzione alla sommità del capo, dove si apre il chakra della corona. **Una luce bianca, intensa e brillante, si espande sopra di te, come un fiore di loto che si schiude verso l'universo.** Ogni respiro ti connette di più alla coscienza universale. **Non sei più legata solo alla tua esistenza individuale, ma parte di un tutto più vasto, un'energia che si espande senza limiti.** Lascia che la tua mente si dissolva in questa luce, abbandonando ogni pensiero terreno, ogni confine. *Ora sei tutt'uno con l'universo, parte del flusso divino che unisce tutte le cose.*

Pietra associata:

Tieni un cristallo di quarzo tra le mani, la sua purezza riflette la tua connessione con l'universo. **Il cristallo amplifica la tua**

connessione spirituale, ti aiuta a sentire che sei parte di qualcosa di più grande. *Quando ti senti separata, sola o disconnessa, stringi il cristallo e lascia che la sua energia ti riporti alla tua unità con l'universo.*

Pianeta associato:
Giove, il pianeta dell'espansione, ti invita a crescere oltre i tuoi limiti. **La sua energia ti spinge verso la saggezza divina, verso l'espansione della tua coscienza.** *Attraverso Giove, scopri che non c'è fine al tuo percorso di crescita spirituale, ogni momento è una nuova opportunità per espanderti e connetterti al divino.*

Shadow Work Motivazionale:
Guarda in profondità e osserva il senso di separazione che spesso provi dall'universo. **Dove senti il bisogno di controllo?** *Quali paure ti trattengono dall'abbandonarti completamente alla corrente cosmica?* **Accetta che sei parte di un disegno più grande, che l'unione con il divino arriva quando ti liberi dell'idea di perfezione.** La tua perfezione è nella tua imperfezione, nell'accettazione completa di chi sei. *Solo quando abbandoni il controllo, trovi la vera libertà e la vera unione con l'universo.*

RIFLESSIONI FINALI

Sei pronta a incontrare la tua fiamma gemella? Questa domanda potrebbe risuonare dentro di te come un richiamo misterioso. C'è una parte di te che sente l'attrazione di un'esperienza così profonda, che ti fa battere il cuore più forte? O magari sei ancora incerta, in bilico tra il desiderio di conoscerla e la paura dell'intensità che porta con sé.

In qualsiasi fase tu ti trovi, questo libro è qui per accompagnarti. **È una guida pensata per illuminare il cammino, per darti la chiarezza di cui hai bisogno.** Che tu stia cercando di comprendere chi, tra le persone che ti circondano, è nella tua vita per un motivo specifico, o chi sarà al tuo fianco per sempre, la tua crescita spirituale si intreccia con il tuo viaggio verso l'amore più autentico.

Ogni relazione che crei ha uno scopo. Alcune persone ti aiutano a crescere, altre sono qui per insegnarti lezioni difficili, mentre alcune rappresentano l'anima che ti rispecchia. **Ricorda sempre che l'universo ti parla in modi sottili, attraverso segni, intuizioni, e sincronicità.** E quando sarai pronta, quei segni ti guideranno verso la tua fiamma gemella.

Il vero segreto è affidarsi al viaggio. **Non affrettare nulla, lascia che sia l'universo a mostrarti la via.** Continua a cercare, continua a leggere i segni, e a ogni passo sentirai crescere la tua consapevolezza.

In bocca al lupo per ogni scelta che farai. **La tua fiamma gemella ti aspetta, anche se ancora non sai quando vi incontrerete.** E quando quel momento arriverà, saprai che ogni esperienza che hai vissuto ti ha preparata a riconoscere quel legame eterno.

GLOSSARIO DEI TERMINI

Fiamma Gemella - L'altra metà della tua anima, un'anima divisa in due incarnazioni.

Anima Compagna - Un'anima con cui si condividono profonde connessioni spirituali e karmiche, ma non necessariamente la fiamma gemella.

Risveglio Spirituale - Il processo attraverso cui ci si connette alla propria essenza spirituale.

Ascensione - Elevazione del livello di coscienza e vibrazione spirituale.

Chakra del Cuore - Il centro energetico legato all'amore incondizionato, centrale nel percorso delle fiamme gemelle.

Coscienza Cristica - Livello superiore di coscienza, legato all'amore incondizionato.

Karma - L'insieme delle azioni e delle esperienze accumulate nelle vite passate che influiscono sul percorso attuale.

Dharmico - Relativo alla missione dell'anima nel compimento del suo destino.

Connessione Telepatica - La capacità di comunicare senza parole con la propria fiamma gemella.

Sincronicità - Coincidenze significative che indicano che sei sul percorso giusto.

Ego - La parte di sé legata all'identità individuale, spesso in contrasto con l'anima.

Illusione della Separazione - La convinzione che si sia separati dalla propria fiamma gemella.

Unione - Il momento in cui le due fiamme gemelle si ricongiungono sia a livello spirituale che fisico.

Corsa e Inseguimento - La dinamica in cui una fiamma gemella si allontana (corridore) mentre l'altra la insegue (inseguitore).

Anima Karmica - Una persona con cui si ha una connessione per risolvere debiti o lezioni karmiche.

Risonanza Energetica - La vibrazione energetica che due anime emettono in sintonia l'una con l'altra.

Missione dell'Anima - Lo scopo divino che un'anima è chiamata a compiere durante la sua esistenza.

Vibrazione - Il livello energetico a cui una persona vibra, influenzando la sua realtà.

Contratto dell'Anima - Un accordo spirituale fatto tra le anime prima dell'incarnazione, relativo alle esperienze di vita.

Guarigione Spirituale - Il processo di purificazione e trasformazione dell'anima per raggiungere un livello superiore.

Energia Femminile Divina - L'energia legata alla creatività, intuizione e nutrimento spirituale.

Energia Maschile Divina - L'energia legata all'azione, alla protezione e alla struttura.

Purificazione Energetica - Il processo di rimozione delle energie negative o tossiche dal campo energetico.

Fusione delle Anime - L'integrazione spirituale e energetica tra le due fiamme gemelle.

Campi Energetici - Le aure e i chakra che rappresentano il campo di energia vitale di una persona.

Chakra della Corona - Il centro energetico che connette l'anima alla saggezza universale.

Lavoro con l'Ombra - La pratica di affrontare e guarire gli aspetti repressi e oscuri del proprio sé.

Dualità - Il concetto di opposti (luce/ombra, bene/male) presenti nell'universo e nelle relazioni umane.

Unità - Lo stato di connessione e interezza con il tutto.

Mediante il Cuore - Agire e pensare con amore incondizionato, guidati dal chakra del cuore.

Manifestazione - Il processo attraverso cui si attira e si materializza ciò che si desidera.

Griglia Energetica - La rete invisibile di energia che connette tutte le anime e il cosmo.

Alchimia Spirituale - La trasformazione dell'anima attraverso processi interiori, come nel viaggio delle fiamme gemelle.

Illuminazione - Il raggiungimento di uno stato di consapevolezza spirituale superiore.

Riconoscimento dell'Anima - Il momento in cui si riconosce la propria fiamma gemella.

Vita Passata - Esperienze di esistenze precedenti che influenzano il presente.

Scopo Divino - La missione sacra che ogni anima è chiamata a compiere.

Ciclo Karmico - Il ciclo di esperienze di vita necessario per risolvere lezioni karmiche.

Protezione Energetica - La pratica di schermare il proprio campo energetico da influenze negative.

Coscienza dell'Unità - La consapevolezza di essere parte di un tutto interconnesso.

Guida Spirituale - Essere spirituali o entità che offrono supporto e consigli durante il percorso.

Fiducia Divina - Il totale abbandono alla volontà divina nel cammino delle fiamme gemelle.

Anima Antica - Un'anima che ha vissuto molte incarnazioni e ha accumulato saggezza.

Ombra - Gli aspetti reconditi e inaccettati di noi stessi.

Test - Le prove spirituali che una fiamma gemella deve affrontare per crescere.

Ciclo di Rinascita - Il processo di morte e rinascita spirituale.

Portale Energetico - Un'apertura temporale in cui l'energia cosmica è amplificata.

Aura - Il campo energetico che circonda e protegge il corpo fisico.

Intuizione - La saggezza interiore che guida l'anima.

Apertura del Cuore - Il processo di accogliere l'amore e la guarigione a livello del cuore.

Trasmigrazione delle Anime - Il viaggio dell'anima attraverso diverse vite e piani di esistenza.

Ritiro Spirituale - Un periodo di isolamento per connettersi con la propria anima.

Meditazione - La pratica di quietare la mente per connettersi con il proprio sé superiore.

Integrazione Energetica - L'unione armoniosa delle energie maschili e femminili divine.

Amore Incondizionato - Un amore puro e privo di condizioni.

Esperienze Fuori dal Corpo - Esperienze di viaggio astrale o connessione con altri piani di esistenza.

Canalizzazione - La pratica di ricevere messaggi spirituali da entità superiori.

Chiamata all'Azione - L'impulso che spinge le fiamme gemelle a compiere la loro missione.

Segnali dell'Universo - Messaggi che l'universo invia per guidarti nel cammino spirituale.

Contrasto - Le sfide che rafforzano l'anima e la preparano per l'unione.

Visione Interiore - La capacità di vedere oltre il mondo fisico attraverso l'intuizione.

Amore Proprio - L'atto di amarsi e accettarsi completamente.

Ciclo Lunare - Il legame tra il ciclo della luna e il cammino spirituale.

Radicamento - Il processo di connettersi alla terra per mantenere equilibrio energetico.

Inversione dei Ruoli - Cambiamenti nei ruoli energetici tra corridore e inseguitore.

Chiamata dell'Anima - Il richiamo che spinge una fiamma gemella a seguire il proprio cammino.

Specchio Spirituale - La fiamma gemella riflette i tuoi aspetti nascosti e le tue ferite interiori.

Apertura del Terzo Occhio - L'attivazione del chakra che consente di percepire realtà superiori.

Verità Divina - La conoscenza superiore alla base dell'esistenza universale.

Connessione Universale - La consapevolezza di essere parte integrante dell'universo.

Amore Sacro - L'amore che va oltre l'attrazione fisica, spirituale e divino.

Ciclo della Separazione - La fase in cui le fiamme

gemelle si allontanano per guarire separatamente.

Ricongiungimento - Il ritorno delle due fiamme gemelle in unione armoniosa.

Desiderio dell'Anima - La profonda spinta a riunirsi con la propria fiamma gemella.

Guarigione Karmica - Il rilascio di vecchi debiti karmici.

Memoria dell'Anima - I ricordi profondi conservati dall'anima di vite passate e lezioni.

Verità Interiore - La consapevolezza più profonda e autentica di sé.

Profezia dell'Anima - La visione spirituale del destino di un'anima.

Abbandono - Il rilascio del controllo per affidarsi alla guida dell'universo.

Percorso del Guaritore - La chiamata a guarire sé stessi e gli altri attraverso l'amore divino.

Portali di Energia - Fasi o luoghi che accelerano la crescita spirituale.

Connessione Siderale - Il legame con l'energia cosmica e le stelle.

Tempo Divino - Il momento perfetto orchestrato dall'universo per le esperienze.

Resistenza Energetica - Blocchi energetici che impediscono l'unione delle fiamme gemelle.

Condivisione dell'Anima - La fusione spirituale e vibratoria tra due fiamme gemelle.

Fioritura Spirituale - Il completo risveglio e sviluppo del proprio potenziale divino.

Scontro Karmico - Un conflitto che sorge per risolvere vecchie lezioni karmiche.

Flusso Energetico - Il movimento naturale delle energie tra le due fiamme gemelle.

Liberazione del Karma - Il processo di scioglimento dei legami karmici negativi.

Purificazione Spirituale - La pulizia dell'anima attraverso pratiche sacre.

Visione Onirica - Sogni o visioni profetiche legate alla fiamma gemella.

Allineamento - Lo stato di equilibrio e armonia tra mente, corpo e spirito.

Coscienza Planetaria - Il livello di consapevolezza collettiva su scala globale.

Iniziazione Spirituale - Un passaggio sacro che porta a un nuovo livello di comprensione spirituale.

Evoluzione dell'Anima - La crescita progressiva dell'anima verso stati superiori.

Contratto Divino - Un patto sacro stipulato dall'anima prima dell'incarnazione.

Portale Gemello - Un passaggio energetico che accelera il percorso delle fiamme gemelle.

Protezione Divina - La protezione ricevuta dalle forze superiori durante il cammino spirituale.

Amore di Sè - La pratica dell'auto-accettazione e del rispetto verso sé stessi.

Guarigione del Cuore - Il processo di liberazione dalle ferite emotive per aprirsi all'amore.

Riferimenti bibliografici
e letture consigliate

- **Numerologia Esoterica Evolutiva** - Templum Dianae Media - 2023
- **I numeri degli Angeli** - Templum Dianae Media - 2023